# 10歳から身につく
# 問い、考え、表現する力
## ぼくがイェール大で学び、教えたいこと

斉藤 淳 Saito Jun



NS
NHK出版新書
439

# 10歳から身につく問い、考え、表現する力
## ——ぼくがイェール大で学び、教えたいこと　目次

## 第六章　英語を学ぶときに覚えておいてほしいこと……191

＊本書に掲載のＵＲＬはすべて二〇一四年六月現在のものです。

校閲 大河原晶子
ＤＴＰ・図版作成 岸本つよし
インタビュー構成 太田美由紀

# はじめに——自ら学び、問うために

## 子どもたちに「学び方」を教えたい

「なんで斉藤さん、わざわざイェールの先生を辞めてまで、学習塾なんか始めたの?」

これは、ぼくが二〇一二年にアメリカコネチカット州にあるイェール大学の助教授(Assistant Professor)職を辞して帰国するとき、さまざまな知人から聞かれた質問です。

その答えは、「勉強の正しいやり方を覚えるのは早ければ早いほどいいから。それに、受験対策に追われる日本の子どもにこそ、イェール大で実践しているような教養教育が必要だと思ったから」です。

ぼくは今、東京と山形の酒田で、小中高生を相手に英語と教養教育の塾を運営しています。東京では今年から学童保育事業にも参画することになり、小学生対象の指導も本格的に開始しました。

東京の教室は目黒区自由が丘に位置し、どちらかといえば高級住宅街で教育熱心な家庭の子どもたちが中心です。通塾してくる生徒も、ほとんどが中高一貫制の進学校か、大学付属の学校に在籍しています。

一方で、生まれ故郷の酒田で教えている子どもは、山形の普通の公立中学・高校に通っています。中学受験も経験せず、本格的な勉強は高校受験を機に始まるという感じです。大部分の中学生は放課後の部活動に忙しく、十分な勉強時間はとれていません。

一週間の半分ずつ、二つの異なる生徒集団を指導しながら、日本の教育、特に小学校から大学までの教育のあり方について、考えさせられることが多々あります。

都会と地方の差はあれ、どちらの子どもたちも、勉強の計画がすべて受験から逆算されて組み立てられていること、将来の夢と今やっている勉強がどう結び付くのかわかっていないようすであること、学ぶことの意味、勉強法についてきちんと教わったことがなく育ってきたこと、については同じです。

入塾してきた子どもたちはみな、真面目でいい子たちです。授業中は騒ぎもせず静かにぼくの話を聞きます。うちの塾では、集団で学ぶメリットを生かすため、一人でできる演習は、基本的に家でやってきてもらうようにしています。だから宿題の量は結構なもの。でも、そのことに文句を言うような子もいません。

でも、一言えば十返ってくるような、ときにはつかみかからんばかりの勢いで自分の意見を言ってくるアメリカの学生たちを相手に授業をすることに慣れていたぼくには、日本の子どもたちは少々おとなし過ぎるように映りました。静かな日本の子どもたちを前にしたぼくの頭にすぐ浮かんできたのは、「この子たちは学ぶことの喜びを知って勉強しているのかな」という疑問でした。

学校が楽しくない、勉強なんかしたくない、勉強についていけなくてつらい。

ぼくにもその気持ちはよくわかります。中学校三年生くらいに目覚めて必死で勉強し始めるまでは、正直いってあまり勉強しない子でしたから。

今、タイムマシンに乗って三〇年くらい前の自分に会って、「キミは将来、イェール大学の先生になるんだよ。一年間だけだけど、国会議員も務めることになる」なんて言っても、当時のぼくはちょっと信じられなかったと思います。もうひとつ、一〇歳の斉藤少年に会えたら、言ってやりたいことがあります。

「正しく学ぶ方法と、自ら問うことを忘れなければ、君は何にだってなれるんだよ」

それは、本書を通して、すべての日本の子どもたちに伝えたいメッセージでもあります。

将来、どんな道に進むにしても必要になるのは、自ら問いを発見し、しっかりと自分の頭で考え、判断し、それを表現する力です。それは、学問というものの本質に通じます。

一〇歳といえば、四則演算や漢字をひと通り覚えて、そろそろ抽象的な思考ができるようになってくるころです。家族や友だち、先生とのかかわりのなかで自尊心も育まれます。そんななかで、身の周りのできごとと社会で起こっていること、自然現象がつながっているということもわかってきます。学問の本質を直観的に理解するにはもう十分な年齢といっていいでしょう。しかし、そもそも学問とはどういう営みであるのか、正しい学び方とはどのようなものであるのかがわからなければ、いくらドリルを解き続けても、勉強の喜びを感じることはできないでしょう。それはとても、もったいないことです。

ぼくがどうして名門大学の先生を辞めて、塾を始めたか。そこで、何を伝えようとしているか。それをご理解いただくためには、少し自分の話をしたほうがいいかもしれません。

## 田んぼで遊んだ少年時代

ぼくは一九六九年に山形県酒田市の米農家の長男として生まれ、東京の大学に進学するまで、ずっとそこで育ちました。

庄内平野に位置する酒田は、日本有数の米どころ。昔ながらの農村風景がそのまま残っており、NHKドラマ「おしん」や、近年では映画『おくりびと』の舞台になったところです。冬になると吹雪になって周りが何も見えないなか、飛ばされそうになりながら、小学校までてくてく、田んぼしかない通学路を四〇分以上かけて通いました。

周囲はぼくが百姓を継ぐことを期待していましたから、小学校に入学して、大学を卒業して大学院に進み、博士号を取るまで親には一度たりとも「勉強しなさい」と言われた記憶はありません。学校からの帰り道に缶けりをしたり、陸橋のふもとで爆竹を鳴らしたり、ごく普通のやんちゃな田舎の子どもでした。

両親は勉強しろとは言いませんでしたが、本を買いたいといえばお小遣いをくれましたし、大学の選択にあたってもぼくの判断を尊重してくれました。

## 数学が苦手だった

小中学生のころ、苦手だったのは数学です。これは理由がはっきりしていて、小学生のときに扁桃腺が腫れて一年間の四分の一くらい授業を休んだ年がありました。それをきっかけに分数がわからなくなったのです。

数学は、ご存じの通り、積み上げ式です。分数の先が全然わからなくなってしまい、結果的にそれ以降の算数や数学の勉強を放棄してしまっていました。本だけはよく読んでいたので、学校の成績はそこそこだったのですが（読書はすべての勉強の基礎ですから、今からでも遅くないので、本だけはたくさん読んでおくように！）中学校三年生のとき、模擬試験で数学だけ学校の平均点を下回ってしまいました。

今でもはっきり覚えていますが、そのとき他の科目は九七点とか九八点とか満点に近い点数だったのです。数学が八〇点くらい取れていれば当時の山形県内の中学生でいちばんの成績でした。しかし数学の実力は平均以下。数学だけが極端にできない変な生徒だったわけです。このときばかりは自分でも「このままだともったいない」と思い、数学の勉強をやり直す決心をしました。小学校四年生の計算ドリルを買ってきて、わからなくなったところまで戻ってやり直しました。

結局のところ、私は後々数学が好きになり、大学以降も勉強しました。一度このような形でつまずき、そこから這《は》い上がった経験があるものですから、その後、研究で壁にぶつかったときにも自分を信じることができましたし、勉強ができなくて悔しい気持ちもよくわかります。

ですから、今勉強ができなくて困っている、どうにかしたいという子がいれば、「わからなくなったところまで戻って、謙虚な気持ちでやり直しなさい。そしてこれを繰り返すのが近道だよ」とアドバイスします。自分としては、人生の比較的早い時期にそうした経験ができたのは、のちのちプラスになったと思っています。

## 学校に疑問を抱き続けた十代のころ

さて、自分で学習すればできるようになるという実感はつかめたものの、勉強の面で、ぼくには困ったことがありました。

学校が楽しくないのです。

もちろん、お世話になった先生はいましたし、いい友だちにも巡り合えました。それでも、生徒目線の教育が行われていないのではないかと、高校生ぐらいのときから思い始めました。べつにみんなで一緒にやらなくてもいいことを一斉にやらされる、逆にみんなでないとできない議論とか、質問とかは機会が与えられない。生徒に対する評価の仕方や理不尽なルールに納得がいかないこともしばしばありました。自分なりに反抗したり、先生と議論したりしましたが、結局は何かが大きく変わることはありませんでした。

短波放送やMTVなどをつうじて海外への憧れを抱き始めていたぼくは、都会で英語を勉強すれば何かが変わるだろうと思い、東京の大学を目指しました。

結果、めでたく志望校に合格し、両親も喜んで送り出してくれたまではよかったのですが、いざ入学し、授業が始まってからというもの、期待は失望に変わりました。大人数教室で教授が一方的に話し続けるだけの授業は、高校までと大差ない。退屈で死にそうでした。

## アメリカ、そして名門・イェール大学へ

三年になり五つのゼミをかけもちして、さまざまな分野をのぞく楽しみを知ったぼくが次に挑戦したのが、交換留学です。カリフォルニア大学サンディエゴ校で一年間、経済学、政治学、社会学と社会科学全般の基礎をまんべんなく学ぶことになりました。

ぼくはアメリカの大学で学生生活を送ってみて初めて、なぜ自分が子どものころから学校というものに強い違和感を抱いていたのか、その理由がわかった気がしました。多様なバックグラウンドを持つ学生たちが世界中から集まってきて、みんなが自分の意見を言って、わいわい議論している。ここではどんなに自己主張をしても、クラスで浮いたり先生に叱られることもありません。

日本の大学院で修士を取得した後、ぼくはアメリカの大学院で政治学の博士号（Ph.D.）取得を目指すことにしました。カリフォルニア大学ロサンゼルス校からアイビーリーグ（ハーバード、プリンストン、コロンビアなどアメリカ東部の名門私立大学八校のこと）のひとつ、イェール大学に転学し、博士号を取った後は、いくつか他の大学で教えたのち、二〇〇八年に助教授として学生たちを教える側になってイェールに戻り、学生寮の舎監も務めました。

ぼくがアメリカで学んだり教えたりした大学はそれぞれに歴史があり、素晴らしい教授

や同僚、学生との出会いはさまざまな視野を与えてくれました。しかし、自分の学問との向き合い方を決定づけた学校をひとつ選べといわれたら、それはやはりイェールです。教養教育の名門として定評のあるイェールの「学び方」と「学びの哲学」には、日本の十代の子どもたちにも参考になることが多々あります。本書では、各章でイェールの実践について紹介していきます。

## ぼくが塾を開いた理由

イェールが目指す教養教育、それは、ひとことでいえば、どんな困難な状況でも適切に判断を下し、問題を解決し、新しい価値を生み出す原動力となる不動の学びです。それはそのまま、先行き不透明な時代を生き抜くための知力といっていいと、ぼくは思います。

一方、日本の学校でそうした教育が行われているでしょうか。

学習の出発点に学校教育があり、それが基盤のひとつになったことは間違いありませんが、前述のようにぼくは、自由に問いを発することを許してくれない日本の学校では、どうしても勉強の楽しさを感じることができなかったのです。

自分自身を振り返ると、高校までは田舎の公立校に通っていて、特にエリート教育といわれるようなものを受けた経験はありませんが、結果的にはアイビーリーグで教鞭をとる機会に恵まれました。また出版した論文や本が賞を頂くという成果を残すこともできました。博士号を取る過程で、いったん地元山形に帰って衆議院議員を務めたりもしています。工夫さえすれば、家庭でも地域でも、ひとりでも、学びの場は豊富に存在するということを確信しています。

しかし、今の日本では、公立であろうが私立であろうが、勉強のカリキュラムすべてが受験に向けて設計されています。受験勉強にも人生や学問をするうえで役立つことはありますが、受験勉強以外に大切なこともたくさんあるはずです。

「日本の教育を変えたい」。そう思って一度は衆議院議員に立候補し、政界から働きかけることを目指しました。しかし、しだいに、政策を通して国の教育全体にはたらきかけるよりも、私自身が自分の経験をふまえて、直接子どもたちに教えたい、知の喜びと学問の作法をじかに伝えたいという気持ちが大きくなっていきました。

それで学習塾を開くことにしたのです。

まだ塾を始めて二年ですが、おかげさまでぼくの理念に賛同してくださる保護者の方は順調に増えてきており、昨年秋には、初めての卒業生がイェール大に入学しました。ぼくが塾で実践している教育法や、その背景にある考え方について聞かれることも増えました。

## 生き抜くための教養を、十代のうちから

いろいろな場でお話ししているうちに、ぼくがやろうとしていることは、日本の子どもたちに教養教育のエッセンスを伝えることではないかと気づきました。

大学入学をゴールとして受験勉強をし続ける日本の子どもたちは、中高生のうちにどんな学問分野があるのか、それらがどんなことを目指し、どのように実践されているのかについて知る機会がほとんどありません。保護者も、そのような教育を受けずに育ってきているため、わが子に教えることができません。たいていの場合、数学や物理が苦手で英語が好きだから文系、あるいはその逆で理系、というように学習科目の得手不得手で進路を決めてきたのではないでしょうか。

しかし、イェールで本物の教養教育にふれてわかったことは、自然科学でも人文科学でも社会科学でも、基本的な学びの作法は同じだということです。そして、専門分野で画期的な成果を上げるためにこそ、広い分野に関心を持つことが必要だということです。

将来、どのような専門分野に進むことになっても、社会に出てからも役に立つこと。それは世界共通の学問のルールを知っておくことであり、どんな学問をするためにも必要な「問う」「考える」「表現する」力を養っておくことです。

そしてその準備は、できれば早く、一〇歳くらいから始めるにこしたことはないと思い

ます。人はいくつになっても学ぶことができますが、いざ受験戦争に本格的に呑み込まれてしまうと、入試への最適化に時間と労力を割かざるをえない現状があるからです。

逆にいえば、中学受験に果敢に挑戦する子どもたちにこそ、何のために勉強するのか、受験勉強と将来やる学問は何が共通していて何が違うのかを理解したうえで過酷な競争を乗り切ってほしいと思います。

本書では、まずこれからの時代に必要な知とは何かについて考察し、そこに照らして日本の子どもたちが要求されている知がどのようなものであるか、その結果、子どもたちがどんなことが得意で何が欠けているかを考えます。そのうえで、日本の子どもたちが知的な思考を育むために、周囲の大人がどんなサポートをしてあげればいいかを提案します。また、世界の人とコミュニケーションするツールとしての英語を学ぶ際のポイントについても紹介します。巻末には付録として、研究の最先端で活躍するイェール大の日本人科学者へのインタビューも収載しました。自ら立てた問いに挑み続ける二人から、学問のリアリティを感じていただけたら幸いです。

日本の子どもに、学ぶ喜びを。世界のどこでも通用する知的基盤を。

ぼくの願いに共感して本書を手にしてくださったみなさんと、さっそく議論を進めることとしましょう。

# 序章　「グローバル時代」に必要な知力とは

## 1 「グローバル人材」とは

保護者のみなさんは、お子さんにどんな人間になってほしいと願っていますか？

まずは健康で、幸せになってほしい。これは古今東西、どんな親でも共通する願いですね。他には、思いやりがあるとか、誠実だとか、人柄についてのイメージもあるでしょう。

また、子どもはいつか親の元を離れていきますから、自立も大切なテーマです。莫大な財産がある家ならいざ知らず、普通は自分でちゃんと生計を立てられるようになってほしいというのは切実な願いでしょう。また、「問い、考え、表現する力が身につく」とうたった本書を手に取ってくださったのですから、自分の頭で考え、それをきちんと伝えられるようになってほしいとも願っておられることと思います。こうした願いはきっと、ぼくたちの親もその親も持っていたものでしょう。

しかし今、日本の社会はかつて経験したことのない大きな変化のただなかにあります。グローバル化、IT化、少子高齢化など、ぼくたちが子どもだったころと今の子どもたちでは、周囲を取り巻く社会環境が劇的に違います。そして、その変化はこれからも加速していくことは間違いありません。ちょっと先の未来がどうなっているかさえ誰も予測できないなかで、子どもの将来には、期待以上に、大きな不安を抱かれているのではないかと思います。

## 親の願いと実業界の要請と

教育という側面から見れば、親の願いとはまた別のベクトルで、その時代時代に必要とされる「人材」像というものがあります。簡単にいうと、国が「こんな人を育ててほしい」というモデルがあって、それはしばしば、実業界からの要請を色濃く反映します。

最近でいえば、「グローバル人材」がそれにあたるでしょうか。

簡潔にいうと、世界で活躍できる人材を育てよう、そのためにはこれまでの日本での人材育成のあり方、特に外国語教育を変えなければならないという議論がここに集約されています。

では、「世界で活躍する」とは、具体的にはどんなことで、「グローバル人材」にはどんな能力が求められるのでしょう。そしてそもそも「グローバル」とはどのようなことを指すのでしょうか。

国の「グローバル人材」育成において中心的な役割を担っている「グローバル人材育成委員会」の資料を見てみましょう。

二〇〇九年に設置された「グローバル人材育成委員会」が二〇一〇年四月にまとめた文書[*1]を見ると、「主体的に物事を考え、多様なバックグラウンドを持つ同僚、取引先、顧客等に自分の考えをわかりやすく伝え、（中略）互いを理解し、更にはそうした差異からそれぞれの強みを引き出して活用し、相乗効果を生み出して、新しい価値を生み出すことができる人材」が「グローバル人材」であるとしています。この「同僚、取引先、顧客等に」「それぞれの強みを引き出して活用し、相乗効果を生み出して、新しい価値を生み出す」などの文言に、国際競争を勝ち抜き、新たな価値でビジネスチャンスを創造する人材育成への、経済界からの強い意欲を見ることができます。

そもそも、産学で「グローバル人材」の養成が議論されるようになった背景には、経済状況の変化があります。これまでのように経済活動、企業活動が主に日本国内でおさまっていた時代とは異なり、市場を海外に求めていかなければならない時代になりました。少子化によって国内市場が縮小を続ける一方であることも無視できません。そこで海外へ積極的に打って出る「グローバル人材」の育成が急務ということになったわけです。
二〇一一年四月に出された「産官学連携によるグローバル人材育成のための戦略」[*2]では、「グローバル人材」として、次のような人物像を想定しています。

世界的な競争と共生が進む現代社会において、日本人としてのアイデンティティを持ちながら、広い視野に立って培《つちか》われる教養と専門性、異なる言語、文化、価値を乗り越えて関係を構築するためのコミュニケーション能力と協調性、新しい価値を創造する能力、次世代までも視野に入れた社会貢献の意識などを持った人間

ここで「グローバル人材」は「競争」のみならず、「共生」にも対応しなければならないという意識がはっきりと示されるようになります。そこで必要な資質として挙げられているものをまとめると、次のようになります。

・日本人としてのアイデンティティ
・広い教養と専門性
・相互理解に努めるコミュニケーション能力
・新しい価値を創造できる能力

・社会貢献意識
「グローバル人材」は英語ができたらそれでよい、というようなものではなさそうです。

### 英語「で」何を問い、考え、話すのか

しかし、「グローバル人材」を育てるためにどんな教育をすればよいかということになると、やはり「英語力強化」の域を出ない議論が目立ちます。小学校から英語の時間を入れる、ネイティブスピーカーの先生に授業をしてもらう、英検を積極的に受けさせる、英語教育に特化した推進校をつくる……。

これらの方針が英語力強化にどれくらい実効性があるかという問題もありますが、それはまた別の機会に検証するとして、ぼくがみなさんに留意していただきたいのは、英語は目的ではなく手段であるということです。そもそも英語は、異なる母語を持つ人々が意思疎通するために標準的に通用するようになった道具に過ぎません。

英語を母語にする人々は全世界で四億人いると推定されています。以前、ぼくが米国の大学で教えていた際に、アメリカ人学生がことあるごとに口にしていた不安や焦燥感は、日本人が自分の英語力に対して抱く不満と正反対だったといえます。日本人は「英語さえできれば」と考えがちです。しかし英語を母語にするアメリカ人学生にとっては、世界中

から英語のできる優秀な人材が競争相手として殺到してくるので、むしろそれ以外のスキルを身につけないと生きていけない、そう考えているのです。

つまり、競争のスタート地点に到達するためには、英語ができるのは当たり前。肝心なのはその中身、つまり英語を使って「何を問い、考え、表現するか」がなければ、意味がないのです。日本語を母語にするものにとっては、何が自らの価値の源か、よく考えてみる必要があるのです。

## 「グローバル人材」という不思議な言葉

英語力以外に、先に見た「グローバル人材」に必要な資質として挙げられているのは、「日本人のアイデンティティ」「広い教養と専門性」「相互理解に努めるコミュニケーション能力」「新しい価値を創造できる能力」「社会貢献意識」でしたね。たしかに、これらをすべて身につけられたら、素晴らしいことです。

しかし、ぼくは一連の「グローバル人材」育成論議に、二つのちょっとした違和感を抱いています。

ひとつは、先に挙げられた資質というのは、「グローバル人材」である前に、社会人として身につけておきたいものばかりであり、ことさらに「グローバル化」を前提に云々《うんぬん》する性質のものだろうかという疑問です。また、こうした高邁《こうまい》な目標をいかに達成しようとしているのか、いいかえれば、こうした理想的な資質を「どのように」身につけるのかについての具体的な議論が見えてこないことです。

もうひとつは、「グローバル人材」という言葉そのものへの違和感です。以前からぼくは、この「グローバル人材」という言葉を耳にする度に、「なんか変だな」と感じていました。せっかくの機会なので、違和感がどこからきているかをちょっと分析してみます。

まず「グローバル」という言葉は、「地球儀の」もしくは「地球全体の」という意味の形容詞です。あるいは数学でグローバルといえば「大域的」、その場所にとらわれず全体で、という意味です。グローバルの対義語は「ローカル」で、こちらは「局地的、局所的、その場限定で」、という意味になります。

一方で「人材」を英語にするとヒューマン・リソース (human resources) です。これは、企業や組織のなかで管理される対象、管理する側にとって役に立つ者というニュアンスになります。役には立つけれど、管理の対象の域を出ていない。実際、二〇一二年に経済産業省から出された資料[*3]には、グローバル人材の「需要」「供給」という表現がなされています。そこには、主体的にものを考え、実行するという意思が感じられません。日本語の用法として、指導力、リーダーシップを発揮する人を指して「人材」ということはありません。例えば「ひとかどの人物」という表現はあっても「ひとかどの人材」とはいいませんよね。同様に「大人物」に違和感を抱くことはありませんが、「大人材」といったら変です。ですので、人材に「グローバル」をかぶせると、「世界をまたにかけて管理されている」ような形容矛盾を感じます。

今のところ、「グローバル人材」育成に関する一般的な論議は次のようなところに集約されそうです。

日本の競争力強化のために、「グローバルに」活躍する「人材」が必要だ。そのために習得させるべきスキルはまずもって英語だ、だから学校教育でも企業でも英語を習得させなければならない。そのうえで、相互理解のためのコミュニケーション能力や従来の発想にとらわれない柔軟な思考力という武器も装備すべきである(でもその内容はあいまい)。

ここでいう「グローバルに」というのは、「国際的に」とか「海外でも」というくらいの意味で使われているようですが、ぼくの考えは少々違います。

「グローバル」ということについて考えるには、これまでの国際関係の考え方、つまり「国対国」という発想から一歩踏み出す必要がありそうです。グローバル化の波は日本だけでなく、程度の差はあれ、世界中のどの国にも押し寄せています。地球上のすべての国家、国境の意味が消滅寸前の時代であるともいえます。そのような時代だからこそむしろ、むき出しのアイデンティティが跳梁跋扈《ちょうりょうばっこ》する時代になったともいえます。多様な価値観の存在を認識するだけでなく、自分の主張が相手にどのように受け取られるかも含めて多様性に向かい合う必要があります。

## 2 「これから」を生き抜くためのリベラルアーツ

### 「ゼロから考える力」が問われる

国のあり方が根底から変わり、さまざまなバックグラウンドを持つ人たちとともに課題を乗り越えていかなくてはならない時代では、どこに所属しているか、ということは今まで以上に意味がなくなってくるでしょう。ひとりの人間として、知的な面で社会にどんな貢献ができるのか、求められる資質も当然、変わってきています。

例えば「知識」への評価。情報端末にキーワードを入力すれば、簡単にさまざまな情報が手に入る便利な時代になりました。こうした技術進歩の裏側で、人間がこれまで手にしてきた知識の価値に変化が生じています。知識が稀少だった大昔なら、「昔こんなことがあった」と地域の歴史に通じ、天変地異の予兆となりうる現象について熟知していた長老の経験には大きな価値がありました。現代における受験秀才も、ＩＴが普及する前なら、丸暗記した知識そのものに価値があったのかもしれません。

しかし今となっては、ただ単に物知りなだけでは検索エンジンに太刀打ちできません。情報端末自体もウェアラブル、つまり装着可能になりつつあります。グーグル眼鏡はそのさきがけですが、さらには情報端末が身体の一部に組み込まれる時代が来るといわれています。機械と人間を結ぶインターフェースが進歩していくなかで、知識を持つことの意味そのものが変化しつつあるのです。

このように情報の入手自体が容易になる技術変化が起こり続け、しかも人間の身体と外部情報が融合しつつある時代だからこそむしろ、人間は自らの能力を高めるために、また情報自体の価値がわかるように、ゼロから考える思考力が必要になる、そしてその価値は重要になっていくであろうと予想されます。

ぼくがここでいう「ゼロから考える思考力」は、素手で生き延びるためのサバイバル技術と似ているかもしれません。マッチやライターがあれば、誰も火種を保存したり、何もないところから火をおこすための苦労をせずに済みます。もちろん、進んで不要な苦労をする必要はありませんが、一方で人類が火を手にすることによって何を得たか、野外でキャンプをするなどの経験をしなければ想像することも難しいでしょう。学校教育でも農業体験や自然体験を得るためのキャンプが行われたりしますが、現代に生きる意味をかみしめるためにわざわざそのような経験をさせているのです。

昔、例えば古代中国であれば、才能や知識のある者を食客《しょっかく》として迎え入れ養い、必要に応じて意見や知識を求めることは事実上、貴族にのみ許された特権でした。現代では、ネットにつながることで誰もがそのような特権を手にしたとさえいえます。しかしながら、ぼくたちはその事実を受け入れ、生き延びるための準備をしてきたでしょうか。ゼロから考えて判断する能力がないと、情報の海で溺れてしまいかねない、そんな時代であることを十分に意識しておく必要があります。

このような時代の変化に直面しつつ、生き抜く力として本質的に重要なのは、新しい価値を発見したり、つくり出したりすることができる力です。その基盤、土台となるのが「教養」、それも、新しい時代に必要な教養です。

では、教養とは何なのか。あらためて考えてみましょう。

## 「リベラルアーツ」とは

「教養」を英語でいうと「リベラルアーツ」(liberal arts) になります。先に「グローバル人材」を例に見たように、翻訳は、日本語から外国語、外国語から日本語、双方向で見ていくと、意図しているものがずれてしまうことがあります。

実は、高校の普通科カリキュラムを英語に訳せばリベラルアーツともいえます。普通科は一般教育（general education）ともいえますが、海外の高校で日本の普通科に相当するカリキュラムを提供している学校は、自らのカリキュラムをリベラルアーツと名乗ることがよくあります。では日本の普通科教育が真にリベラルアーツかといえば、頭を抱えてしまいます。

リベラルアーツをぼくなりに訳せば「自由の学芸」になります。よくいわれることですが、リベラルアーツの考え方自体はギリシャ時代まで遡《さかのぼ》ります。古代ギリシャで学問を修めたのは市民階級、つまり、奴隷ではなく、「自由」を持つ身分の人たちでした。そして中世以降、ヨーロッパで大学制度が広まるなかで、実践的な学問の基盤となる七科目、すなわち文法、修辞、論理、代数、幾何、天文学、音楽の七科目が、基礎教養として課せられた経緯があります。中世以降の大学生にとって、これらの科目を専攻にとらわれず自由に学ぶことが、専門課程としての法学、医学、神学を学ぶ基盤となっていたわけです。

歴史的源流としては必ずしも新しいとはいえないリベラルアーツ、基礎教養の考え方は、新しい時代の変化に応じて重要度が増しています。それはなぜか、またなぜ十代の子どもたちの教育にこそ教養という視点を取り入れるべきであるのかを、ぼくが大学院生として六年間、後に教員として四年間在籍したイェール大学での教育、研究活動の実践をふまえて、説明していきたいと思います。

イェール大学は、全米の大学のなかでも名門中の名門です。日本で米国大学の代表格といえば、白熱教室で有名になった某ライバル校の名前を挙げる人が多いようです。しかし国によってはイェール大学こそが米国大学の代表格だと考えられているところも多くあります。中国もそのような国のひとつで、二〇〇六年に胡錦濤国家主席が訪米した際には、わざわざイェール大学に足を伸ばして講演しています。

イェール大学と日本との関係を見てみると、現在の日米関係と同じだけ古くて深いものがあります。ペリー提督が日本に到着したのは一八五三年七月のことですが、その際に通訳を務めたサミュエル・ウィリアムズは後にイェール大学の教授に就任しています。もう一人通訳を務めたジョージ・ジョーンズはイェールの卒業生でした。二人とも翌年の日米和親条約調印交渉に深く関与しています。

イェールの学術界への貢献は目覚ましいものがあります。例えばノーベル賞。イェールで教鞭を執る教授陣のなかから、二〇一三年だけで二人のノーベル賞受賞者が輩出しました。経済学賞を受賞したロバート・シラー教授は、従来の経済学だけでなく、心理学をも融合した新しいアプローチで資産市場のバブル現象を解明し、成果を挙げました。生理学・医学賞を受賞したジェームズ・ロスマン教授は、生物学だけでなく、化学や物理学の知識も駆使し、細胞内の物質や情報の移動を、分野横断的に研究し解明した業績が評価されました。この二人の受賞者に特徴的なのは、複数の専門分野にまたがる知識をつなぎながら、従来の分析手法にとらわれずに研究業績を挙げたことです。ある意味、この二人が達成した業績は、イェールが目指している知のあり方を体現しているといえます。

## イェールの教育哲学

博士論文の完成を間近に控えた時期、当時のイェール大学総長リチャード・レヴィン氏の訪日に同行し、通訳を務めたことがあります。

レヴィン総長は非常に面白い人で、スタンフォード大学で歴史学の学士号を取って、その後イェール大学の経済学部で博士号を取得しています。レヴィン氏は現在、インターネットで大学の授業を配信する「コーセラ」(Coursera)*4のCEOを務めています。

さて、ぼくは大学からの要請で、首相官邸での小泉総理との会談や、都内で雑誌各社のインタビュー、記者会見などの通訳をしましたが、それは、イェール大学がどういう基本理念で学生を育てているのかについて総長自らの言葉で聞ける貴重な機会でした。

レヴィン総長は、外国人記者クラブで次のようにイェール大学のカリキュラムについて説明しました。

「イェール大学では、入学してくる学部生に古今東西の古典と最先端の学問の両方を修めてもらいます。卒業するまでに履修しなければならない単位数も他大学に比べて多く、非常に要求水準の高い大学です。学部生は専攻分野とは別に教養科目を幅広く履修します」

数学や物理学などの理科系科目を専攻する学生が、一般教養科目として人文学や芸術科目を履修するのは日本でも珍しくはありません。しかし、機械工学専攻の学生が東アジア研究と二重専攻するなどの組み合わせはどうでしょう。イェールでは、こうしたケースも稀ではありません。

そのとき、日本人の記者が、次のような質問をしました。

「専門知識の重要性が高まっているこの時代に、なぜ教養科目にこだわるのですか？イェールは時代に逆行しているのではないですか？」

レヴィン総長からの答えは次のようなものでした。

「科学の最先端に立ってみればわかりますが、何が真理かは必ずしも自明でなくなることがあります。新しい検証課題に対して、新しい手法を考案しながら立ち向かわなければならないことが多いのです。

真に革新的な課題に取り組んでいるときには、それまでに答えのない課題に対して批判的に、そして真剣に取り組んだ経験が生きてくるものです。だからこそ、将来は物理学者になるかもしれない若者が、第一次大戦がなぜ勃発したのか議論することが大切なのです。未来の生物学者が、シェイクスピアを分析的に読んでいくことも同じ意味で必要なことです。困難な時代だからこそ、政治や実業の世界で指導者としての役割を果たしたいなら、情報を分析的かつ論理的に見つめる能力が必要になります。だから法科大学院に進学する学生が解析学や離散数学を学んだりする必要があるのです」

レヴィン総長の揺るぎない受け答えを訳しながら、世界中から優秀な留学生がイェールを目指すのも当然だと思ったものです。

そんなイェールで学びながら、また教えながら感じたことをひとことで記すなら、「誰もが学び考え抜くことを楽しみ、そうすることで新しい価値をつくり出していく使命感にあふれている」ということです。

イェールは大学の方針として、総合研究大学としての専門教育および研究活動を行いながら、一方でリベラルアーツ・カレッジ、教養教育大学としての教育活動も重視している点で、他のライバル校と大きく異なります。普通はその分野の権威といわれるようなビッグネームの教授は、大学院生しか教えませんが、イェールでは、ノーベル賞を受賞した教授でも、学部生に授業を行います。少人数での授業を大切にしながら、他方で大規模大学としての選択肢を提供しているといえます。

ここで学び、そして教えながら、そのエッセンスを日本での教育活動に活かすことができないか、そう考えずにいられませんでした。

## 偏った教育情報が不幸な親子を生む

いざ日常的に子どもたちと接するようになると、世間でいわれる教育改革に関する議論と、日本の子どもたちが本来必要としていることにはズレがあるのではないか、そう思うことが増えてきました。ニュースで見聞きする教育改革の議論は、子どもたちに日常的に接しているわけではない大人が、勝手に振りかざしている空論のように聞こえてならないことが多々あります。

子どもや保護者がどのような教育機会を選ぶか、その選択を行うときにも、そもそも適切な情報が提供されていないのではないか、そんな疑問を抱くことも増えてきました。子どもが身につける英語力に不安を覚えるあまり、留学を急ごう、ないしはインターナショナルスクールに自分の子どもを通わせようとする保護者も大勢います。

また、中学入学と同時にぼくの東京の教室に入ってくる生徒のなかには、中学受験で疲れ果てている子がかなりの数、見受けられます。難関校を目指す子のなかには、小学校二年生、三年生から受験勉強を始めるケースも珍しくないとのことですから、疲れていても無理はありません。親子ともに本当にお疲れ様でしたとねぎらってあげたくなります。

その一方で、親子ともに「どうして中学受験することにしたのか」について、本当に納得して挑んだのかなと疑問に思うこともあります。中学受験の功罪については次章以降でも検討しますが、受験勉強を長くしてきた子ほど、「受験勉強の型」が体に染みついてしまっていて、ぼくの塾が目指している自由な学びのスタイルに慣れるまで時間がかかります。

総じて、保護者が目指す教育目的とそのための過程、手段が合致していないケースが多いと感じます。「これ」が子どもにとってよい選択なのかどうか確信が持てないまま、教育産業の広告に煽られて、周りに後れを取るのが怖くて、あるいはなんとなく流されて、いつのまにか親子ともども、競争ゲームに呑み込まれていく。

そんななかでも、子どもが自分なりに試行錯誤して学ぶ喜びを見つけられればよいのですが、勉強する意味も喜びもわからずに苦行のようにひたすら問題集を解いて何年も過ごした結果、学ぶ意欲自体をなくしてしまう場合もあります。せっかく志望校に合格したのに、喜ぶでもなく、「どう？　お母さん、これで満足？」と言い放ち、いっさい勉強をしなくなった子もいたと聞きます。

わが子のためにという一心で塾代を捻出《ねんしゅつ》し、送り迎えや弁当づくりに精を出し、見守ってきた挙げ句がこれでは、本人だけでなく、親も不幸という他ありません。適切なかたちで情報提供がなされ、学ぶためのヒントが与えられれば、多くの不幸を防ぐことができるのではないか。そのような問題意識からこの本を書いているわけです。

## 3 人間にしかできないことって何だろう

### 「正解」をほしがる子どもたち

帰国後、中高生を教え始めてわかってきたのは、子どもたちが常に「正解」を求められて育ってきたことです。それも、できるだけ早く、たくさんの正解を出すことで高い評価を得られる環境でです。

塾の教室で子どもたちに作文を書かせて、最初にもらった質問は「先生、正解は何ですか」でした。いきなり正解に飛びつき、覚え込もうとする学習スタイルに、強い違和感を抱きました。これまでイェールで指導してきた学生や大学院生とのかかわりでは、何が重要か自分で考え、これを論理的に表現していくための作業をお手伝いするスタイルでしたので、最初は塾の生徒が何を求めているのか把握するところから始めなければなりませんでした。

日本の小中高のカリキュラムは、大学入試をひとつのゴールとして設計されています。中学受験をしなくても、ほとんどの子どもが高校受験を経験しますし、大学受験も多くが経験します。つまり、大学に入るために、日本の子どもたちはゆるやかに長期間にわたって受験勉強を続けているわけです。

問題は、日本の入試が知識偏重型であるという点です。そうした試験に対応するため、勉強も必然的に「正解」をゴールとするものになります。

「は？　正解を目指すのは当たり前じゃないか」、そう思われるのも無理はありません。ぼくたち親世代も、今の子ども同様、「正解」へ至る道順を覚える学習法しか教えられてこなかったのですから。しかし、いきなり「正解」に飛びつこうとする態度は、クイズ大会ならいざ知らず、実社会では使い物になりません。

学問や実業の世界での「正解」は、受験勉強で選択肢のなかから選ぶような「正解」ではないことが多々あります。いきなり正解に飛びつくのではなく、正解を導く過程や、失敗したときの対処法こそが大切なのです。正しいかどうかわからない、不確実性が高い場合にどのような判断をしたほうがよいのか、これも含めて考える力を養っていかなければなりません。

生きていくうえで「正解がない」状況は頻繁《ひんぱん》に発生します。むしろ重要な課題ほど正解がないことが多いのです。この「正解がない」状況というものは、いかなるものでしょうか。第一に、事実かどうか判断する材料に乏しく、正解かどうかわからない場合です。第二に、価値判断に関わる問題については、判断する主体の数だけ正解がありえます。

## 「正解」は常に更新される

学問は常に進歩を続け、知識は常に更新され続けます。学問や科学がいかなる営みかについてはおいおい詳しく説明しますが、いわゆる事実として受け入れられている知識には、さまざまな前提が伴います。「正解だから正解」なのではなく、さまざまな検証や反論を乗り越えてきた学説だからこそ、「現段階で」最大公約数的見解として「正解らしい」と受け取られているにすぎないのです。昨日まで正解だったものが、今日は違うということが起こります。

例えば国宝・源頼朝像。誰もが教科書で見たことのある京都神護寺所蔵の絵ですが、最近の教科書では「この肖像画は、源頼朝像と伝えられる」「伝源頼朝像」と保留つきの表記になっています。

実はこの絵に描かれた男性が頼朝であるかどうかは、以前から歴史学や美術史学の世界では疑義が出されていました。一九九〇年代になって画像解析技術が進んだこともあり、どうやらこの肖像画に描かれているのは源頼朝ではなく、足利尊氏の弟、足利直義《ただよし》ではないかというのが定説になりつつあります。

他にも、「足利尊氏像」とされていた肖像画が、どうも尊氏の家来である高師直《こうのもろなお》がモデルではないかという説が優勢になり、単に「騎馬武者像」と呼ばれるようになったり、十七条憲法を制定した聖徳太子が、実は実在していなかったのではないかという説が出て物議を醸《かも》すなど、日本史だけに限ってみても、かつて「正解」として暗記させられていた知識の確からしさが疑われるという事例は枚挙にいとまがありません。

これらの例から得られる教訓は、いわゆる源頼朝像を「正解」として覚えることよりも、それがなぜ正解でなくなったのか、推論の過程を理解することこそが重要だということです。そもそも、教育の場で常識や正解として受け入れられている作法や知識のなかにも、学術的な根拠の怪しいものが含まれているかもしれないのです。また、学問には、その最先端に近づけば近づくほど、何が真理かは自明でなくなるという一面もあります。

このようななかで、問われるべきは「正解とされてきたものは何か」ではなく、「正解という前提が崩れてしまったときに、どのように対処すればよいのか」ということです。それはとても苦しい営みです。答えはすぐには出ず、試行錯誤の連続でしょう。

日本の教育は、ある意味で最低限必要な常識を入手するためには適しているのかもしれませんが、自分で深く物事を考えたり、世の森羅万象を理解するためにこれまでに存在しなかったものの見方をしたりするには、あまり適していないのではないかと感じることがよくあります。

しかも、部活や習い事、塾や宿題で、子どもたちには試行錯誤をする時間的・精神的な余裕はあまりありません。中学入試に参加することを決断した段階で、組織的に詰め込む努力を強いられるという点は、あらかじめ織り込んでおいたほうがよいと思います。試行錯誤自体を目的にする必要はありませんが、試行錯誤を許す余裕がないと、ものを考える楽しみや苦しみが理解できません。

「正解がない」の二つめ、価値判断による問題がまだ残っていました。

頼朝像のような、事実認定に関する問題については、正解か否かは、真か偽かの判断とその不確実性というかたちで処理できます。しかし善悪、美醜といった価値判断を含む問題については、何通りも正解が存在することになります。むしろ、なぜそのように考えるか、説明をしていく作業が重要になります。

そのために必要な知的基盤となるのが、自分の頭で「問う」「考える」「表現する」力です。頭から正解を覚え込もうとする態度は、問いかける問題の種類を最初から制限し、考える作業を放棄しているという点で大変に怠惰《たいだ》です。そして、ある意味で日本の教育は、こうした怠惰な態度を押しつけているともいえます。

## 機械にはできないこととは

正解の存在しない時代を生き抜くために必要な力は、先にも述べたように、新しい価値を発見したり、つくり出したりすることができる力です。新しい価値を発見する前提として、自分にとって「価値がある」とはどのようなことかよく理解する必要があります。

第三章でもふれますが、自分の価値観を理解するためには、それを言葉で表現する力が必要になります。そして他者にとっても「価値がある」とはどのようなことか、同じようによく理解することが必要になります。つまり人間の幸せの基盤に何があるのかをよく考え、納得していることが大切だといえます。

それは、見方を変えれば、「人間にしかできない」営みとは何かを問いかけ、到来する未来を見越して可能性を開いていこうと努力することだともいえます。

グーグルは、全自動運転の自動車を開発しています。同社の開発スケジュールによれば二〇二〇年ごろに実用化することを目指し、二〇一四年夏にも公道での走行実験を開始するとのことです。全自動運転が実用化されれば、人間は自動車を運転する必要がなくなります。通勤に自動車を使っている人にとっては、朝晩の出勤時間に読書を楽しんだりする余裕が生まれるかもしれません。一方で、運転に関係するあらゆる仕事が機械に取って代わられ、大量の失業が発生するかもしれません。道路の使い方自体も大きく変わり、趣味として自動車を運転することすら、レース・サーキットのような場所を除けば許容されなくなる時代が来るかもしれません。

何度も繰り返されるルーティン化された作業は機械に取って代わられる時代です。自動車の運転だけではありません。病気を診断したり、裁判の判決を書いたりする高度に知的な作業ですら、コンピューターのほうが正確に、緻密《ちみつ》に、迅速に行うことができるようになってきています。人間でなければできない、人間だからこそできる仕事の領域がどんどん縮小している、ぼくたちはそのような時代に生きているのです。

人間の仕事が、判断に特化していけばいくほど、「価値観の多様性とどう向き合うか」が重要になります。利害や価値観の対立を乗り越え、合意を形成していかなければならない場面では、自分や相手がどこまでなら譲れるのか理解し、平和的に共存していくためのメカニズムを構築していかなければなりません。これはかなり創造力が必要な仕事であり、人間にしかできない仕事だといえます。

変化しつつある世の中で、自分はどのような役割を果たしたいか、自分が一生かけてやりたい、取り組みたいことは何か。これこそ、決まった正解はありません。人間だから、自分だからできることとはすなわち、自分の頭で問い、考え、表現することそのものなのです。

それでは、具体的に周りの大人は子どもたちをいかに支援することができるのでしょうか。次章で日本の子どもたちが得意なことと苦手なこと、ペーパーテストで測れる学力とそうでない学力はどう違うのかについて見たうえで、次章以降で「問い、考え、表現する」それぞれの領域に即して、考えていきたいと思います。

注

＊1　「グローバル人材の育成について」文部科学省、二〇一二年
http://www.mext.go.jp/b_menu/shingi/chukyo/chukyo3/047/siryo/__icsFiles/afieldfile/2012/02/14/1316067_01.pdf

＊2　同前

＊3　「グローバル人材の育成・活用による日本経済の活性化について」経済産業省、二〇一二年五月七日
http://www.meti.go.jp/policy/economy/jinzai/san_gaku_kyodo/entaku2/1320909_14.pdf

＊4　https://www.coursera.org/（英語のみ）

# 第一章　日本の子どもが得意なことと苦手なこと

## 1 「読み書きそろばん」が得意な日本の子ども

「はじめに」で書いたように、ぼく自身は日本の学校にあまり楽しい思い出がなかったわけですが、自分が嫌いだったからというだけで日本の学校教育を批判するつもりもありませんし、アメリカでの学生時代が楽しかったからといって、何でもかんでも米国型に改革すればよいなどと安易に主張したいわけでもありません。日本の教育にも、アメリカのそれにも、当然長所と短所があります。

イェール大に象徴される「教養教育」の精神や作法、その基盤となる、自ら問い、考え、表現する力をどう日本の子どもたちが身につけていったらいいかを論じる前に、ぼくがアメリカで過ごした学生時代や学生を教えていた経験をふまえて、日本で行われている教育のどこが評価できて、どんなところに問題があるかを分析してみたいと思います。

そうすることで、日本の子どもの得意なことと不得意なことが見えてくるはずですし、そのうえで日頃の学習のあり方を見直せば、どんな工夫をすれば大きな成果が得られるかも見えてくるでしょう。

また、学力について比較的に語る以上、勉強の成果をどうやって測るのかの議論についても避けて通ることはできません。日本は世界有数の受験大国で、入学試験以外にも、子どもたちは小学生のころから常に何らかの学力テストを受け続けています。

本書を手に取られた方には、ちょうどお子さんの中学受験を検討されているか、すでに受験勉強をさせ始めている保護者の方も多いことでしょう。中学受験で得るものと失うものは何か、日本の入試とイェールなど教養教育を重視する大学の入試はどう違うかなど、「試験」のあり方から見えてくる教育観の差異についても検討してみたいと思います。

## 日本の子どもの「読み書き」能力は高い

まず、学習到達度の国際的な比較の指標としてよく使われるＰＩＳＡ（Programme for International Student Assessment）の結果から見ていきましょう（表１－１）。ＰＩＳＡはＯＥＣＤ（経済開発協力機構）が行っている国際的な学力の比較テストで、世界六五ヶ国・地域の満一五歳の子どもを対象に、「読解リテラシー」「数学的リテラシー」「科学的リテラシー」

の三分野について、三年ごとに行われています。

「リテラシー」というのは、ごく大ざっぱにいえば「読み書きの能力」です。「読解リテラシー」と訳すと、なんだか意味が重複しているように感じられますが、日本の科目でいえば「数学」「科学」に対して「国語」にあたると思ってください。三分野とも、与えられた情報から、その内容を正しく読み取り、設問の趣旨に沿って答えることができるかを測ります。解答は筆記で、選択式も、自由記述式もあります。

二〇一三年一二月、日本の高校一年生約六四〇〇人が参加した二〇一二年度（第五回）の結果が発表されました。「脱ゆとり教育」を目指す新指導要領の下で行われた初のテストとあって、文科省以下、学校関係者は結果に注目していました。というのも、PISA初回の二〇〇〇年度で日本は、読解八位、数学一位、科学二位（三二ヶ国中）とトップクラスでしたが、第二回の二〇〇三年度はそれぞれ順に一四位、六位、二位（四〇ヶ国中）、第三回の二〇〇六年度は一五位、一〇位、六位（五七ヶ国中）と順位を下げていたからです。また、前回の二〇〇九年度で日本は順位を上げたものの、初参加の中国・上海がすべての分野でトップの座を独占したことが衝撃を持って受け入れられました。

そこで迎えた二〇一二年度の結果は、読解力が四位（前回八位）、数学的リテラシーは七位（前回九位）、科学的リテラシー四位（前回五位）。いずれも前回よりも順位を上げ、教育

表1–1　2012年PISA平均点トップ10および過去の順位

| | 12年順位 | 国・地域名 | 平均得点 | 09年順位 | 06年順位 | 03年順位 | 00年順位 |
|---|---|---|---|---|---|---|---|
| 読解リテラシー | 1 | 上海 | 570 | 1 | — | — | — |
| | 2 | 香港 | 545 | 4 | 3 | 10 | — |
| | 3 | シンガポール | 542 | 5 | — | — | — |
| | 4 | 日本 | 538 | 8 | 15 | 14 | 8 |
| | 5 | 韓国 | 536 | 2 | 1 | 2 | 6 |
| | 6 | フィンランド | 524 | 3 | 2 | 1 | 1 |
| | 7 | アイルランド | 523 | 21 | 6 | 7 | 5 |
| | 8 | 台湾 | 523 | 23 | 16 | — | — |
| | 9 | カナダ | 523 | 6 | 4 | 3 | 2 |
| | 10 | ポーランド | 518 | 15 | 9 | 16 | 24 |
| 数学的リテラシー | 1 | 上海 | 613 | 1 | — | — | — |
| | 2 | シンガポール | 573 | 2 | — | — | — |
| | 3 | 香港 | 561 | 3 | 3 | 1 | — |
| | 4 | 台湾 | 560 | 5 | 1 | — | — |
| | 5 | 韓国 | 554 | 4 | 4 | 3 | 2 |
| | 6 | マカオ | 538 | 12 | 8 | 9 | — |
| | 7 | 日本 | 536 | 9 | 10 | 6 | 1 |
| | 8 | リヒテンシュタイン | 535 | 7 | 9 | 5 | 14 |
| | 9 | スイス | 531 | 8 | 6 | 10 | 7 |
| | 10 | オランダ | 523 | 11 | 5 | 4 | — |
| 科学的リテラシー | 1 | 上海 | 580 | 1 | — | — | — |
| | 2 | 香港 | 555 | 3 | 2 | 3 | — |
| | 3 | シンガポール | 551 | 4 | — | — | — |
| | 4 | 日本 | 547 | 5 | 6 | 2 | 2 |
| | 5 | フィンランド | 545 | 2 | 1 | 1 | 3 |
| | 6 | エストニア | 541 | 9 | 5 | — | — |
| | 7 | 韓国 | 538 | 6 | 11 | 4 | 1 |
| | 8 | ベトナム | 528 | — | — | — | — |
| | 9 | ポーランド | 526 | 19 | 23 | 19 | 21 |
| | 10 | カナダ | 525 | 8 | 3 | 11 | 5 |
| 参加国・地域数 | | | 65 | 65 | 57 | 40 | 31 |

※薄いグレーは非OECD加盟国・地域。—は不参加など。オランダは2000年調査において、国際的な実施基準を満たさなかったため除かれている。

出典：文部科学省発表資料より作成

関係者は「ゆとり教育で一時低下した学力も、ようやく本格的な回復軌道に乗った」と胸をなでおろしたようです。

こうしたランキングが出ると、つい「中国に負けた」とか「フィンランドに勝った」とか一喜一憂してしまいそうですが、PISA調査の主な目的は国や地域同士の競争心をあおることではなく、各国の教育政策が適切に機能しているかどうかをみることにあります。そのために、各国内での学力分布についても七段階以上で評価し、平均点だけではわからない国内での格差を調べたり、参加者の家庭の経済状況、学校の学習環境、学習時間などの社会的な背景についてのアンケート調査も同時に行っています。

## 問題解決に役立つ「読み書き」能力

そもそもPISAの問うている「リテラシー」とはどのような能力を指しているのか、もう少し詳しく見てみましょう。

先ほどリテラシーはざっくりいうと「読み書き」の能力であるといいましたが、PISAで問われるのは、漢字が正しく読み書きできるかとか、文法的におかしくない文や正しい式を書けるか、計算を正確にできるかというだけではありません。「解釈」「評価」「意見」についても問われるのがこのテストの特徴です。

ＰＩＳＡの調査責任者であるアンドレア・シュライヒャー氏は、ＰＩＳＡで測ろうとしているリテラシーは「情報にアクセスし、情報を処理すること、情報を結びつけたり、情報を評価したり、情報に基づいて熟考するといった能力」*1であり、そうしたリテラシーは実生活において、持っている知識を総合的に活用して問題解決にあたるのに必要だという考えを述べています。言い換えれば、実社会に出ていくための準備がどれくらいできているかということを重視しています。これは一五歳という調査対象年齢にも反映されています。というのは、各国教育を取り巻く環境や政策がさまざまななか、一五歳は義務教育が終了する年齢ということでほぼ一致しているからです。

一応分野は三つにわかれていますが、現実の生活で役立つことを重視したテストなので、「読解力」にグラフが含まれるなど、分野融合的な出題が見られます。二〇〇三年からは、文字通り「問題解決力」のテストが加わったり、二〇〇九年からはＩＴ時代に対応してウェブサイトにアクセスしたりｅメールを送ったりといった基礎的なコンピューター操作技能テストの要素も入った「デジタル読解力」のオプションが加わったりしています。

各分野で具体的にどんな問題が出るかというと、例えば「読解力」の設問は、日本の国語のテストで出る説明文や物語文のようなものだけでなく、シナリオや手紙文、実用的な文書（例えば「予防接種のお知らせ」とか）、図入りのレポートなども含みます。「読む」と一口にいっても、ストレートに答えにつながる語句や類語を見つけて抜き出せば正答できる単純な設問から、前後の文脈から解釈するようなものもあります。場合によってはレイアウトやイラストなど言語以外の情報について「読む」ことも問われます。

今「評価」といいましたが、PISAのテストでは、「評価」や「意見」も求められます。例えば、落書きを許容するか否か、ポーチに侵入してきたヒョウに対する女性の行動について残酷かそうでないかを問うたりしています。これはディベートと同じで、立場としてはイエスでもノーでも構わないのですが、「なぜ」イエスまたはノーだと考えるのかについて、課題文のなかから「根拠」を探して、自分の意見と関連づけて示さないと正答にはなりません。

## 「数学」「科学」も計算・暗記だけではない

「数学的リテラシー」分野でも、単純に計算をするだけの問題は皆無で、ドレッシングの材料計算、マンション購入の見積もり、帆船のコスト管理、回転ドアの設計など、現実的な設定のなかで、問題に示されている数値や図を材料に、数学的な概念や方法を用いて、合理的な意思決定ができるかどうかが問われています。例えば船のコスト管理ひとつとっても、現実社会では「なるべく燃料の使用を減らす」という感覚的なアプローチではなく、合理的で最適な解決策をとったほうがいいですよね。それを数学を使って考えさせようという意図がうかがえます。

一方、日本の学校で使われている教科書を見ると、現実問題に対して数学をどう使って解決するかというアプローチはほとんど見られません。小学校低学年のころは、数の数え方や四則演算、つまり足し算・引き算・掛け算・割り算を教えるために「りんごが六つ、子どもが三人います。同じだけもらえるように分けるには?」の類《たぐい》の文章題をやりますが、これは現実的な問題解決を目指すためというよりは、身近で具体的なものを介して数字や演算の概念をつかんでもらうためだと思われます。「算数」が「数学」になってからは、日本の生徒は方程式や関数、幾何学の証明など、伝統的な数学の問題をたくさん解くことが中心的な学習になります。

PISAでは「科学リテラシー」分野でも、「植物の道管と師管のはたらきは何ですか?」「右心房と左心室の場所は?」など単純な知識だけを問う問題はありません。日焼け止めの性能比較実験や、生まれつき声の出ない子どものためのウェアラブルな発声装置、遺伝子組み換え作物など、現実の社会で技術的に問題解決が求められるようなテーマ設定で、実験の方法や装置についての理解が問われています。なかでも温室効果ガスや酸性雨など、地球規模で解決が求められる課題で、かつ専門家の間でも論争的なテーマを扱っているのはPISAの性質をよく表していると思います。

三分野とも、問題を解くために必要な情報はほとんど課題文のなかに含まれています。これには、各国でカリキュラムがさまざまなので、どこまでの知識を前提とするか線引きが難しいという事情もあると思います。しかしそれ以上に、PISAの調査は暗記した知識を問うのが目的ではなく、もともと持っている知識と、与えられた条件や情報をどう結びつけ解釈し、判断するかを問うており、それが「リテラシー」と表現されているのだということが課題文全般から理解できます。

## 訓練次第で結果を出せる

PISAについて、文部科学省や国立教育政策研究所が公表している問題別の正答率データなど[*2]を見ると、日本の子どもの学力について一定の傾向がうかがえます。

「読解力」に関しては、単純な抜き出しや情報を処理する問題は、日本の子どもは他国に比べてもできる子とできない子の格差が少なく、平均的にかなり高い水準で正答しています。それに対して、「解釈」や「評価」、「意見」を「根拠」とともに問われる問題は、ちょっと苦手なようです。もちろん単純な抜き出しよりは難しいので各国とも正答率は下がりますから、特に日本の子どもたちができないというわけではないのですが、気になるのは「無答」率の高さです。問題によっては、日本の子どもの正答率が高いものもありますが、その一方で、無答、つまりお手上げの子が多いのが目につきます。

「意見」をたずねる問題については、先に紹介した通り、答えがイエスでもノーでもいいけれど、「どうして」そう思うのかを根拠とともに論理的に述べなければなりません。

逆にいえば、根拠はいえなくてもイエスかノーかだけでも答える子が多ければ「誤答」率が高まります。実際に、日本より正答率が低いが、誤答率が高く無答率が低い国は結構あります。自分の意見を立派に説明できなくてもとにかく意思表示だけはする、という子が日本は比較的少ないのかもしれません。これを謙虚と見るか、普段から意見を述べることに慣れていないことの表れと見るかは、それこそ「意見」がわかれそうです。

「数学的リテラシー」については、学校で現実的課題と絡めて問題を解く習慣があまりない割には、健闘していると思います。ぼくは数学は好きですが専門ではないので、数学を研究している知人とこの結果について議論し、こんな仮説を立てました。「おそらく、日本の子どもは基礎的な演習をしっかり繰り返していることで、関数関係を読み取ったり、空間を認識する数学的な感覚を身につけており、問題文が問うていることを理解する読解力さえあれば、特にPISAで出題されるような問題のスタイルに慣れていなくても、応用して解けるのではないか」。どうでしょう? 本書のなかではそれを検証できませんが、数学教育の専門家の方の見解もお聞きしてみたいところです。

「科学的リテラシー」についても、数学同様、現実的な問題解決と関連付けた演習や、科学者たちの間でも「正解」が出ていない問題について議論するような授業が日本の学校の理科では積極的には行われていない割には、平均的に成績がよい。これは、正直いって意外でした。

また、第三章で詳しくふれますが、科学的な思考とは、仮説を立て、実験し、その結果を検証するという営みの繰り返しです。PISAでも、与えられた情報から仮説の客観的根拠を探し出したり、それに対して論理的に反論するなど、科学的思考の本質にかかわる応用的な問題が出されています。子どもたちが科学的思考とそのプロセスについて学校で明確に教わっているかどうかは疑問ですが、こうした問題でも比較的よく解けているのは、近年、理科の授業において実験・観察を重要視する学校が増えていることの成果が表れているのかもしれません。

分野別にスコアのばらつきはあるものの、総じて日本の子どもたちは、情報を上手に読み取り、聞かれていることを理解し、基礎的な知識や方法を駆使して処理することには、平均的に優秀であるといえます。一方で、自分なりの意見を述べたり、それを根拠づけるために学習の成果を活用することには慣れていないようです。

## 与えられた課題は真面目にこなす

多少の浮き沈みがあるとはいえ、日本の子どもの読み書き能力の平均点が先進国のなかでも常に上位を占めているという事実については、素直に評価します。

また、ぼく自身は、子どもの学力を三年ごとという短いスパンで評価すること、というかその結果に一喜一憂する風潮に懐疑的ではありますが、PISAの順位が下がったことが問題視された結果、学校現場でも、PISAで問われるような応用的な学力をつけるためにさまざまな取り組みが行われてきたことは、よい結果につながっていると思います。

応用問題を解くには基礎的な知識が必須ですから、学校でも家庭でも幼いころから四則演算や漢字などドリルの反復演習を熱心にやらせてきたことは大きいでしょう。また、PISAでは、三分野を二時間で解くことが求められるので、限られた時間で的確に問題をこなしていくには、「テスト慣れ」も高スコアの要因です。京都大学の松下佳代教授による分析[*3]では、例えば二〇〇九年の出題数から計算すると、平均で大問一問に約五・五分、小問一問に約二分で解答しなくてはならないそうです。これは相当なスピードです。

ここから浮かび上がってくるのは、平均的には真面目に、与えられた課題に対して、指示された方法でコツコツ取り組んできた日本の生徒像です。これは、自分の子どもも時代を振り返ったり、今教えている生徒たちを見ていてもうなずけます。日本でいわゆる「優等生」といえば、こういうタイプをイメージするでしょうし、みなさんも、普段お子さんに「勉強しなさい」と言うとき、多くの場合、「サボらずに、机に向かって黙々と課題をこなしさい」という意味で言っているのではないでしょうか。

もちろん、ただ「勉強しなさい」と言っても自分から黙々と課題をこなす子どもは実際にはほとんどいなくて、だからこそ、学習の定着度を小テストや定期試験で数値化し、継続的にその達成度を評価することで子どもの勉強を習慣づけているわけです。子どものほうも、できが悪ければ追試や補習が待っているので(そして親からはいつも以上に小言が飛んでくるので)、イヤイヤながらもせっせと課題に取り組みます。

ともかく、日本では「読み書きそろばん」がまったくできない子はいない。このことは、日本にいると当たり前のように思えますが、けっこうすごいことなのです。世界を見渡せば、買い物のときにお釣りを計算できない店員や、道路標識を読めないタクシー運転手が普通にいる国もありますから。

## 2　ペーパーテストでは測れない力

### 「数値化できない力」を見落とすな

国際的な学習到達度評価テストの結果から、日本の子どもたちの読み書き能力は、その応用にまだ課題を残すものの、国際的に見ても高い水準にあることを確認しました。

本節では、ちょっと視点を変えて、「テストで測れない学力とは何か」ということを議論したいと思います。

テストで測れる学力というのは、数値化できるもの、「正解」が定まっているもの（意見を述べる形式の回答でも、正答か誤答か採点基準が明確なものを含む）、すでに取り組んできた課題の成果、限られた時間に最短距離で反射的に正しく処理する能力などです。

数値化できないもの（正解がひとつではない、あるいは正解がないもの）、未来にしか結果が出ない学習成果、これまでになかった発想、継続的な知的営み、すぐには解けない問題に多方面から粘り強くアプローチする力などは、一日限りのペーパーテストでは測れません。そして、これらの「ペーパーテストでは測れない力」こそ、これからの時代を生き抜くために必要とされる力だとぼくは考えます。

ひとことでいうと、学力テストの類で測れるのは「過去に学んできた達成度」であるということです。「未来」に向けて社会全体を牽引《けんいん》するような、イノベイティブな力はそこには反映されていないということをふまえて冷静に見るべきです。

機会平等はもちろん大前提としてあって、どんな子どもにもある程度の水準以上の学力をつける機会は確保しないといけませんし、実際、日本の教育はそれを達成してきました。

しかし、「課題達成度評価型」教育にリソースを注入するあまり、その評価の枠からはみ出してしまう、イノベイティブなタイプの子どもへの支援が手薄になってしまうことがあっては、それもまた、社会全体の損失であると思います。

それまでにない価値を創造するようなタイプの知は、社会全体を活性化します。科学研究においては、ひと握りの天才的な研究者や技術者の成果が日本全体の知的財産を底上げするだけでなく、世界規模で社会に貢献することができます。例えば、新しい免疫機構のメカニズムが解明されれば、基礎研究の歴史に新たな視点を与えることができるし、新薬が開発されれば、製薬会社にはビジネスチャンスが生まれ、病に苦しむ多くの人は助かります。そういう知を育てるためにこそ、「問い、考え、表現する力」を伸ばす環境づくりが必要とされるのです。

## 学ぶ力の「伸びしろ」を見るアメリカの大学

アメリカの大学入試は、日本でいうところのＡＯ（Admissions Office）入試、もしくは推薦入試の形式を取ります。どちらも、大学側のほしい学生像にマッチする受験生を選抜する仕組みです。

アメリカの高校生は在籍する高校でよい成績を取り、日本のセンター試験に相当するＳＡＴ（Scholastic Assessment Test）で高得点をおさめる必要があります。日本では少子化で大学全入時代が到来したといわれますが、アメリカでは出生率が高いうえに、多数の移民と留学生を受け入れていることもあり、大学入試をめぐる競争は年々激化しています。

日本の大学入試が試験日に向けて走り出す短距離走だとすれば、アメリカの大学入試はトライアスロンのようなものです。長期間にわたり学校の成績を維持し、学業以外に課外活動（ボランティア活動や数学オリンピックなどへの参加）にも一生懸命取り組む必要があります。学校での成績・課外活動を見るのは、継続的な知の取り組みをしてきた学生は、これからも継続的に知を深めるための努力を惜しまないであろうと期待できるからです。つまり、「伸びしろ」を測るわけです。

なかでもアイビーリーグやアイビー「プラス」と呼ばれるアメリカの名門大学（スタンフォード、マサチューセッツ工科大など）の入試では、ペーパーテストもありますが、入学志望動機を述べた論文（エッセイ）や複数の先生の推薦状、課外活動の経験、面接を重視します。

論文の多くは志望動機を問うもので、「これまでに自分が何をどのように学んできて、この大学で何を学びたいか。どうしてそれが学びたいか。そして自分は学問を通して社会にどんな貢献をしたいか」を数百語程度で書きます。字数としてはそれほど多くありませんが、これが、実際にやってみると実にきついのです。

うちの塾では留学希望者へのカウンセリングや入試指導も実施していますが、大手予備校の模試で全国トップクラスにいるような優秀な受験生でも、留学用のエッセイの準備をしだすと、書けなくて、つらくて、指導をしているぼくらの前で涙を流します。

なぜか。英作文が難しいからではありません。自分と徹底的に向き合わなくては書けないからです。「自分はどうして勉強するのか」「勉強する意味とは何なのか」……。

今までは、受験というゴールに向かって点を稼ぐ勉強だけをしていればよかったけれど、そうではなく「なぜ自分は学ぶのか」「自分はどんな人間なのか」という根本から問い直し、自己分析しなければならないから、多くの受験エリートは大きな壁にぶつかります。

志望動機ではなく、別の問い方で「あなたはどんな人間ですか？」と訊いてくる出題もあります。例えば、科学技術研究の世界最高峰、マサチューセッツ工科大学で例年出されているテーマは、「今まで生きてきたうえで、あなたの最大の試練は何でしたか？　そしてどのように克服しましたか？」というものです。いずれにせよ、模範解答のありえない問いですから、日本語で書くのだって難しいことでしょう。

最後に面接ですが、これこそペーパーテストでは測れない人物重視型入試の最たるものです。イェールでは、卒業生が志望者を面接する伝統があります。これは、イェールで学んだことのある人間であれば、イェールがどんな教養教育を行っていて、どんな人間に入学してもらって貢献してもらいたいかということを熟知しているからです。就職活動での採用側の動きと似ている部分があるかもしれません。

面接では、受験生が備えている「教養」を見ます。それは、テストというよりは同じ学問の徒同士のディスカッションに近いものです。面接官は、知識の量ではなく、持っている知識と新しい視点をどのように結びつけ敷衍《ふえん》して考えられるか、こちらが投げた問いをどのようにとらえ、どんな新たな視点を付加して返してくるかを見ています。それがすべて学ぶ姿勢、未来への学びの伸びしろの評価につながってきます。

二〇一四年の春にも、渋谷のスターバックスで同窓生による面接試験を受けてイェールに合格した日本人学生のことが新聞に出ていました。*4

この記事では、キース・ライト副学長の「筆記試験では創造的な才能は測れない」というコメントも紹介されていました。面接を担当したイェールの卒業生によると、「イェールはリーダーとなる人物を出したい。指示待ちの子より、新しいことに挑戦する、ある意味『いたずらっ子』を求めている」とのこと。たしかに「いたずらっ子」具合はペーパーテストでは測れませんね。

## 筆記と面接、どっちがフェアか

イェールでは、卒業生を入試のプロセスに参加させることで、同窓会ネットワークの活性化にもつなげています。これをもし東大でやったら、排他的だとか閉鎖的だとか恣意的だとか格差拡大を助長するとか、さまざまな批判が飛び交うことでしょう。

日本の入学者選抜手法は、形式的公平性にこだわります。形式的公平性というのは、誰もが同じ機会、環境、手段で選抜され、採点の基準も公開されているというようなことです。形式的公平性を重視する傾向は中国や韓国にも共通しているようですので、ある意味、東アジア文化圏、もしくは科挙の歴史に遡る特徴なのかもしれません。

入試というのは、誰でも公正に選抜されるべきものだ。

その理念については、日本もアメリカも同じです。しかし、「公正」の考え方が違うということです。

「コネも財力も関係ない。実力本位、みな同じ条件のペーパーテストだけで戦う中学入試は、ある意味もっともフェアな競争だ」という論調を見かけますが、これなどは形式的公平性支持者の最たるロジックでしょう。

これに対して、イェール型入試の支持者ならこう答えると思います。

「試験日当日にもし体調が悪かったら？　短時間で情報処理をするのは苦手でも、じっくりと粘り強く考えるのが得意な子だったら？　そういうケースでも、ペーパーテスト一発型入試はフェアだといえるのか？　そもそも中学受験の入試問題は、小学校で習う勉強だけでは歯が立たない。塾に通ったり家庭教師を雇う余裕のない、所得の低い家庭の子どもたちは中学受験のスタート地点にも立てない。中高一貫校や私立校のほとんどない地方では、中学入試という機会からして存在しない。あなた方のいう〈平等〉は、都会の、経済的に余裕のある家庭の子どもたちのなかだけで閉じられた〈名ばかり機会均等〉ではないのか」と。

どちらにも一理あり、どのような測定手段も万能ではありません。どんなに形式的公平性に留意しても測定誤差は伴います。

ここでより明確に意識しなければならないのは、特定の選抜方法がとられることで、受験する側がこれに適応し、学びのスタイルを選択していくという事実です。このことを念頭に置いて、もう少し日本の試験文化について、特に読者のみなさんに身近だと思われる中学受験を例にとって考察を進めてみたいと思います。

## 3　中学受験で得るものと失うもの

### 整理された教材の落とし穴

序章で、中学受験に最適化してきた「優秀」な子どもほど「正解」に飛びつく傾向があるといいましたが、中学受験の教材を見ていると、なるほどなと思うことがあります。

例えば社会科では、時事問題対策として、例年秋ごろから「出題予想ランキング付! 今年の重大ニュース集」の類が書店店頭に並び始めます。受験勉強で忙しく、新聞を読んだりニュースを見たりしてこなかった子にとっては、効率的に暗記できる便利な資料集でしょう。

一方で、こうした対策本が氾濫することで、「あれで直前に詰め込めばいいや」ということで、普段新聞を読む習慣は失われるかもしれません。親子でニュースを見ることさえしなければ、首相の記者会見を見て「この人、何を言っているの？」と尋ねる機会もないでしょう。子どもの素朴な疑問に答えるには、子どもにもわかる言葉を使って、現象の背景にある原理まで遡って説明しなくてはいけませんから、親にとっても結構な負担がかかります。保護者も忙しい状況では、自分の代わりにポイントをおさえて説明してくれる、便利な情報源であると歓迎されるからこそ、各社がこぞって出版するのでしょう。

こうしたダイジェスト版の資料集を参照する際には、便利な反面、誰かに情報の収集、整理、要約を依頼することによって何が失われるのかを考える必要があります。

編集の末に残ったものを参照するとき、そこに至るまでには必ず、捨てられた情報があることを忘れてはなりません。情報、それも社会問題に関する情報は、現実世界の複雑さを反映して、非常に複雑でノイズを含んでいるものです。例えば新聞の紙面はすでに編集済みの情報ですが、それでも同じ見開きに、三段抜きのスクープからベタ記事、広告まで、さまざまなレベルの情報が同居しています。そこから自分がどんな情報を選び自分なりの文脈ですでに持っている知識と結びつけるのかは、自由です。便利な資料はもちろん使ってもいいのですが、常に情報の取捨選択を他人に委ねるクセがついてしまうと、いざ新しい情報に接したとき、どの情報に価値があるか判断できなくなります。いわば、「情報の嗅覚」がはたらかなくなる危険性があります。

広い分野の古典や原典の海を泳ぎ、「いつかどこかで読んだあれはこういうことだったのか」「この社会現象は、もしかしたら昔誰々が言っていたことの再現かもしれない」などと発見する楽しみ、それが教養というものです。特定の目的のためだけに整理された情報にしか接していないと、そんな知的興奮も経験できないまま過ごしていくことになるでしょう。

日本の子どもたちは受験勉強をする期間が長いだけに、試験のスタイルが、そのまま学びのスタイルを規定していく。そこがいちばん心配なところです。大学でも「正解」を求め続け、就職活動をするころになると、「内定を勝ち取る時事問題集」の類で一夜漬けして、教養が不十分なまま社会に出て行くことになるのです。

## 入試問題はふるい落とすためのもの

中学入試に限らず、入試というのはそもそも必要悪です。「この学校で学びたい」という意欲のある子どもであれば、本来ならすべて受け入れてあげるのが理想です。もちろん現実には学校のスペースにも教職員にも限りがある。その学校の教育方針や一緒に学ぶ生徒の学力水準になるべく近い子に入ってきてもらえれば教えるほうも都合がいい。だから、そのように入試問題をつくって、選別するのです。「入試問題は、学校から受験生へのメッセージ」とよく言われるのには、そういう側面があります。

中学入試の問題を見ていると、解いていて楽しいだろうな、工夫してあるなと思えるような問題がある一方で、落とすためにつくっているのではないかと疑ってしまうような問題もあります。今の中学受験では、みんなが志望校の過去問題集を一〇年ぶんくらい解いてそこの入試問題の「校風」に最適化して挑みます。人気校ではまさに一点二点のボーダーラインに数十人が並ぶような現状がありますから、選抜者としてはなるべく差がつくような問題を仕込んでおく必要に迫られます。平たくいえば、ふるい落とすための装置が必要になってくるのです。

差をつけるにはどうすればいいか。ひとつには、問題の多くを自由論述式にして、できるだけバラエティに富んだ解答を引き出すという方法が考えられますね。実際に一部の難関校ではすべて記述式で解答させるため、職員総出で採点にまる一日かけて臨むそうです。

しかし、それには時間も人件費もかかりますので、スピーディーな合否判定が要求される今の中学入試の趨勢《すうせい》にはマッチしません。「え？　まる一日で結果がわかるの？　十分速いじゃないか」と思ったあなたは、次の段落でもっと驚くでしょう。

今、東京都や神奈川県では多くの私立中学校が二月一日から五日ごろまで、一斉に入試を行います。いくつもの学校を併願する受験生が多いため、ほとんどの学校が複数回入試を実施しており、午前・午後と一日に二回試験を実施する学校も増えてきたようです。初日にA校を受け、その合否を見てから、翌日に再びA校を受けるのか、それとも別のB校を受けるのかを決めたいという保護者のニーズに応えて、前日または当日の出願を受け付けている学校も多々あります。そして、早く次の一手を打ちたい受験生のために、採点はスピーディーに行われ、受験当日にホームページなどで合格発表が行われることが求められます。

ということで、採点をスピーディーに正確に行うには、なるべく機械的に採点できる解答様式のほうが好ましく、差をつけるために設問の数は多いほうが望ましい。さらには反射的に選択してしまうと誤答してしまう、いわゆる「引っかけ問題」も辞さず、というようなことになってしまうのです。

すべての学校がそうであるとは言いませんが、悪問は、悪しきコスト削減の帰結といっていいと思います。外から見ると、学校と保護者が互いに最適化競争を繰り広げているようで、いったい誰が幸せになるのだろうと首を傾《かし》げたくなります（受験産業は儲かるかもしれませんが）。

これはあながち素人が下種《げす》の勘繰りで言っているわけでもなくて、中学受験に詳しい森上教育研究所の森上展安《のぶやす》氏は、教育情報サイトで保護者へのアドバイスとして次のように述べています。[*5]

受験問題は受験生を振り落とすためのもので、基本的に「誤答誘導」の問題。子どもがまちがえるのは当然で、わざわざ道に迷わせておいて「まちがえてだめだね」などと言ったら、子どもは勉強嫌いになってしまいます。（中略）なぜ解けないのかを自分で考え、発見していくのが勉強であり、「解けなくて悔しい」から「解けるようになりたい」と感じるのが人間の思考です。保護者は、子どもが「やろうとしているのにできない」ことをぜったい叱ってはいけません。

受験の裏も表も知り尽くした人ならではの卓見だと思います。

「この学校で学びたい、こんな学校生活が送りたい」という未来の学びへの夢があるからこそ始めた中学受験なのに、受験勉強をしている間に学ぶ力が硬直化してしまったり、学ぶ意欲そのものを損なってしまっては本末転倒、本当にもったいないことです。同じようなことを高校受験でも大学受験でも繰り返していると、大学での学びの生活を、疲れ果てて迎えることになってしまいます。試験を経る度に学ぶ意欲が衰え、受動的になってしまう、そんな日本の若者を大勢見てきました。

そうならないように、中学受験をしてもしなくても、保護者のみなさんには生活のなかで、学ぶことの喜びを折にふれて伝え、できなかったことを叱るより、できたことをほめてあげるようにしていただきたいものです。

## 計画力を受験勉強で鍛える

ここまで中学受験についてネガティブなことばかり書いてしまいましたが、受験勉強で得るものも、もちろんあります。

代表的なものを挙げれば、処理能力のトレーニング、学習習慣の定着、計画力、目標を設定して頑張るモチベーション、といったものです。晴れて合格すれば、もちろん自信もつくでしょう。

特に計画力は、大人になっても重要なスキルです。目標から逆算していつまでに何をやっておくべきか、計画通りにいかなかったときにどうスケジュールを組み直すかといったことは、家庭生活においても仕事をするときも常に考えなければならないことです。

業務マネジメントの定番的な手法として、PDCAサイクル（Plan〈計画〉→Do〈実行〉→Check〈評価〉→Act〈改善〉の四つを繰り返すこと）は、ビジネスの世界ではもはや常識になりつつありますが、これは受験勉強にも応用できそうです。

ぼくの場合は、受験勉強にとりかかる前に、児童会や生徒会の運営を通じて、計画を立て現状に即して見直すことの重要性を学びました。事前に調整をして、会議に諮《はか》ってという手続きが、いかに形式なものであっても大変な労力がかかることも学びました。子どもながらにこうした経験をしておいたことは、あとあと研究予算を申請するときにも、今会社を経営していても役立っています。何よりも受験勉強自体に役立ちました。

どうせ受験勉強をやるのであれば、将来にも役立つスキルも身につけてやろう、くらいのほうが肩の力も抜けていいように思いますが、楽観的過ぎるでしょうか？


以上、国際的な学力比較テスト、入試などの「試験」から見えてくる、日本の子どもの学力や学びのスタイルについてみてきました。与えられた課題を解く力、そのための基本的な技術について、日本の子どもは平均的に優秀だということ、それは受験から遡ってこまめに実施されるテストや、日常的な反復学習のたまものであるということが確認できました。

一方で、効率的に情報を処理しようとするあまり、広い情報に接したり、正解の出ない問題をじっくり考えたりする余裕がなくなる傾向があること、テスト対策の詰め込み勉強に励むあまりに、いざ学問をしようという段になって疲れ果ててしまう危険性があることを指摘しました。

せっかく時間と労力をかけて勉強するならば、のちのち本格的に学問をするときに役立つような学び方、勉強すればするほど楽しくなって、もっと学びたくなるような学び方をしたほうが生産的ではないでしょうか?

そのためには、学問の本質について十代のうちからイメージを持っていることが大切です。ペーパーテスト重視型の教育で一定の成果が出ていることを認めつつ、それでもぼくは、より大きな問題があると感じています。あらかじめ設定された問いの枠組みのなかでどれだけ技術を磨いても、学問の本質である「問うこと」ができなければ、学びの道は成就しないでしょう。

なぜなら、「学問」とは、自ら「学び問う」営みそのものだからです。

そういうわけで、十代の子どもたちにまず身につけてほしいのが、自由に問うという態度です。周りの大人には、子どもに「問いかける自由」を用意する責任があります。

学問において「問う」ことがなぜ大事なのか、どうして日本の教育では問う力が育ちにくいのか、問う力を育むために家庭でできることはどのようなことか。次章ではそれを考えていきたいと思います。

注

＊1　「ＯＥＣＤ加盟国の生徒の学習到達度」東京大学大学院教育学研究科での研究会資料、二〇〇三年一月二七日
http://www.p.u-tokyo.ac.jp/coe/workingpaper/Vol.1.pdf

＊2　文部科学省発表　http://www.mext.go.jp/b_menu/toukei/data/pisa/index.htm
国立教育政策研究所発表　http://www.nier.go.jp/kokusai/pisa/index.html#PISA2012　の資料などを参照。

＊3　松下佳代「〈新しい能力〉による教育の変容―DeSeCo キー・コンピテンシーとＰＩＳＡリテラシーの検討」『日本労働研究雑誌』二〇一一年九月号、四五ページ
http://www.jil.go.jp/institute/zassi/backnumber/2011/09/pdf/039-049.pdf

＊4　朝日新聞朝刊、二〇一四年四月一日

＊5　「専門家が教える、中学受験に向かう保護者の3つの役割」ベネッセ教育情報サイト、二〇一四年四月二九日
http://benesse.jp/news/juken/chugaku/20140429080043.html

# 第二章

# 「問う」ための環境づくり

## 1　「問う」力がなぜ大切なのか

「国際会議を開催するとき、名議長はインド人を黙らせ、日本人に発言させる」という冗談があります。それほど日本人は国際舞台で黙りがちです。いや、国際舞台だけでなく、普段の学校や塾の教室でも、日本の生徒に発言させるのは大変な努力のいることです。

しかし、子どもたちの知的成長において、「問う」力ほど重要なものはありません。自ら問題を設定する力であり、習ったことを覚える受動的な「学習」から、主体的に考える「学問」へと、学びをステップアップする力です。学問は学んで問いかける営みであって、問いかけを発して初めて学問といえます。日本の子どもは、小学校から高校までの教育課程を通じて、学んで習う作業、つまり「学習」には長けているかもしれませんが、必ずしも問いかける作業に成功しているとはいえません。

本章では、実際の授業の経験やイェールでの生活実感にヒントを得ながら、どんな環境であれば子どもが「問う」力を育めるのかについて考えていきたいと思います。

## 日本の子どもはなぜ質問しないのか

アメリカから帰ってきて塾で中高生を教え始めたとき、あまりにおとなしくて驚いたという話は「はじめに」でも書きました。対して、アメリカの学生がどれくらいアグレッシブかというと、先生が質問をふっかけると、みんなコンサートでヘッドバンギングするくらいの勢いで噛みついて、一斉に自分の意見を言ってきます。

日本では、大学生でも、簡単な事実確認の質問から話し手の主張を踏まえての反論まで、おしなべて苦手です。考えてみれば大学生や中高生だけでなく、小学生でも一〇歳くらいになると、もう手を挙げて発言するのをためらうようになる気がします。

日本の教室では、先生が指名して正解を言いなさいと促せば生徒は比較的従順に答えます。ただ、その場合、文ではなく、単語で答える傾向が目立ちます。これではまるでクイズ大会ではないかと内心思うのですが、当の子どもたちにとってはそれが自然な光景なので特に違和感も抱かないようです。

そんな状況のなかで、おそらく日本の子どもたちがもっとも苦手なのは、質問をすることです。それも、相手の主張を理解したうえで、その矛盾を突くような質問をすることが苦手です。

なぜ保育園や幼稚園、小学校低学年のころまでは「なんで？　どうして？」とやかましかった子どもたちが、成長するにつれ、指名されても押し黙ってしまうのでしょう。目立つことへの恥ずかしさが出てくる年頃というのもあると思いますが、大きくいって四つの要因があるように思います。

第一に、機会の乏しさ。まず、日本の教育課程では、自ら問いを発する機会がほとんどといってよいほどない。問いかけの機会があったとしても、それは生徒会などの活動であって、成績評価や、上級学校への進学にストレートにつながらない。つまりインセンティブがない。成績はテストで評価されると思っているので、何か意見があっても試験で書けばいいじゃないかと思って、考えていることがあっても言わない。

第二に、間違うと否定されるし、質問をすることも自分の無知をさらけ出す作業だと考えて、リスクをとるよりは発言せずにおとなしくしているほうが得だと考える。

第三に、みんなの前で発言することは同級生や先生への貢献だ、という発想がない。

一つめと二つめについては、根が深い問題ではありますが、特に説明は不要でしょう。これは子どもたちだけの問題ではなく、大人もそうです。活気のない会社の会議はシーンとしていますし、ぼくがかつて所属していた政治学関係のある学会では、大学の先生方が、年次研究大会で、質問や意見を紙に書いて集めるようなことをしていました。

三つめについては、少し説明が必要かもしれません。これは、「自分が属している集団への貢献とは何か」ということをめぐっての議論になります。次項で詳しく見ましょう。

最後に、大人が問いかけを育む、信頼感や親密さにあふれる環境を積極的に作り出せていないということも指摘できます。問いかけ合い、意見を交換する場には、「ここでは何を言っても大丈夫」だと子どもが思えるような信頼関係が必須です。しかし、学びの作法が受験に最適化されていくなかで、受験の時期が近づけば近づくほど、塾の課題を学校で「内職」しながらこなすようなことがまかり通るようになります。学校はだんだんと生徒に軽視されるようになりがちなのです。これでは先生と生徒の心理的距離は遠くなるばかりです。

かといってそのとき、主要な学びの場となる塾を活発な議論の場にするのも無理があります。受験塾は多数の学校から集まる生徒が、週に数回顔を合わせるだけの場です。限られた時間のなかで徹底的に正解を教え込む場ですから、答えの出ない議論を交わすことなど、生徒からも保護者からも期待されていません。そもそも、模試のランキングを発表するなどして、生徒同士の競争心を刺激して成果をあげようとする塾で、親密で信頼感ある関係をつくり上げるのは至難の業ではないでしょうか。

## 質問と間違いは、みんなへの貢献

教育は、ただ単に知識を子どもたちに伝達するという機能を持つだけでなく、重要な社会規範を共有するためのトレーニングの場でもあります。利己的に振る舞うことを慎み、自らの所属する集団のために貢献する態度は、学校教育でも、学校以外の場での社会教育や家庭教育を通じても培われます。

学校を集団生活の場ととらえるなら、このトレーニングは日本では、例えば教室の掃除や給食の配膳を通じて行われます。労働を通じ、汗を流すことで共同体に貢献するのです。この点は、勤勉な日本人の美質を育んでいると思います。教室をきれいに使うという意味では、米国の生徒は極めて利己的に振る舞います。イェール大学でも、学食の食器やお盆が、地下の娯楽スペースに放置されているなど、われわれ日本人からすれば残念な光景がしばしば見られました。

反面、アメリカの教室を見ていて感ずるのは、意見の内容の当否にかかわらず、集団のなかで議論や問いかけを行うことが「学習そのものへの貢献」と見なされ、それが重視されることです。こと掃除や整理整頓という意味では自分勝手なアメリカ人学生も、授業になると集団での学びの場に貢献すべく、積極的に挙手し、自ら進んで間違えたりするわけです。

問いかけや間違いは、その数だけ、そこに居合わせた人に新しい視点を与えます。誰かが先生に質問をすれば、同じようなところでつまずいていた同級生が助かりますし、先生にとってみれば、教え方を改善するトレーニングにもなります。

誰かが間違えるとします。ペーパーテストでは採点者が×をつけておしまいです。しかしみんなの前で間違うと、誤答にいたる推論の過程をみんなでシェアすることができます。間違う人が複数いれば、それだけ推論のバリエーションも増える。それは、自分のなかでいろいろな可能性を考えて検証するときに役立ちます。だから、みんなの前で間違う人は議論に貢献しているのです。それが集団への知的貢献ということなのです。

ですからアメリカでは、黙っている人は怠惰な人、考えることを放棄している人だと見なされます。そして、みんなの前でよい問いかけのできる人は、誠実に課題に取り組む人だと評価されるのです。アメリカの教室では、「それはいい質問だね!」という言葉がしょっちゅう飛び交っています。

ペーパーテストに最適化してきた日本の学生はこの逆の環境にいるといえます。誤答して減点されることを恐れ、間違いは一元的に悪いことだと捉えます。問われたことに対して答えることは得意ですが、その能力は紙のうえで、それも自分と試験官・採点者との閉じられた関係のなかでだけ発揮されます。その人が持っている知識も、アイデアも、すべては第三者に共有されることなく、その成果は本人ただひとりのものにしかなりません。前章ではペーパーテスト偏重型教育の問題点を、学習者本人の視点で考察しましたが、実はもっと大きな問題がひそんでいたのです。

従来の日本型教育においては、子どもの「問う力」が育まれず、「間違うチャンス」も与えられてこなかった。それは本人にとっても、同級生や先生にとっても大きな損失であったといえます。

## 2 「問う」力が育たない日本の教育環境

### ビデオ授業とどこが違うのか

ぼくが日本を離れてから気づいた日本の学校教育の「まずい点」を一言でいえば、教員の側にも、生徒・学生の側にも、お互いに知的な関わりを持つことが自らにプラスになるという感覚が乏しいということです。

自分が受けた中学高校の教育について振り返ってみると、生徒は受験に縛られています。なるべくいい学校に入って、人生の選択肢を広げていかなければならないと考えている。同時に先生は、指導要領を守ってひとりで三〇人も四〇人もの生徒を相手に、一律に知識を詰め込まなくてはならない。両者の向いている方向が一致しないために、生徒の頑張りと先生の努力にシナジー（相乗効果）がはたらいていませんでした。

先生が一方的に講義と板書だけで授業を進めて、生徒はひたすら板書をノートに写すコピー・マシンになっていることが多かったわけです。板書を写すこと自体、知識の整理につながりますからそれはそれで教育効果はあるのでしょうけれども、教科書さえあればひとりで同じことはできます。こんな授業ならビデオで十分。というかむしろ、各自が自分に合ったスピードで再生したり巻き戻したりできるぶん、ビデオのほうが効率的に勉強できるよな……と高校時代のぼくは考えていました。

受験勉強は自習でいいから、人間対人間でしかできない授業を受けたい、そう思っていました。例えば歴史の授業なら、史実をどう解釈して、現代に対する示唆をどう考えるか。そういった課題を念頭に、クラスで議論しながら学びたかったのです。

## 多様性の不足

また、多様性を肌で感じる機会が少ないのも日本の学校の特徴ではないでしょうか。公立学校は生徒を地域的に限定した区域から集めます。私立学校は同じような学力水準の子どもを集めようとするでしょうし、男女別に限定している学校も多々あります。似たような価値観、背景の子どもたちだけが集まっているわけです。

異なる価値観、文化的な背景の人と一緒に働いたり暮らしたりするためには、相手の話をよく聞く、自分の主張をわかりやすく伝える、どこまでなら譲歩できるか考えを整理するなどの作業が必要になります。日常的な出来事を通じて、価値観や背景の違いに由来する些細《ささい》な行き違いに遭遇したり、それを克服しようとするとき、「なぜあなたは怒っているのか」「私の言うことの何に同意できなかったのか」と問いかけることが必要になってきます。こうした経験の繰り返しが、いざという重大場面で利いてくるのです。均質な環境のなかでしか過ごしたことがなく、こうしたことに慣れていないと、なかなか発言や質問はできません。

アメリカの大学の学生は、非常に多様性に富んでいます。多民族国家であるというだけでなく、大学側も受け入れる学生のバランスに配慮しています。国籍、人種構成、男女比、所得階層、すべてにおいて、なるべく多様性を持たせようとします。

これは、人権政策としてのアファーマティブ・アクション（社会的マイノリティのための優遇措置）のためでもありますが、何よりも教室での学びの環境を充実したものにしたいという思いがあります。例えば貧困家庭から這い上がってきた学生は、所得分配論の授業でディスカッションするとき、自分の経験に基づいて説得力のある発言をします。政情不安な地域から来た学生は、民主主義について論じる際の切実さが違いますし、日本人学生と韓国人学生が歴史認識問題を扱ったら、日本人同士で議論するより当然見方が広がります。異なるバックグラウンドを持つ学生同士が議論することで、集団としての学びはより豊かになるわけです。多様な価値観を知っておくというのは、教養の大切な一側面です。

このように米国の学校が教室内の多様性を保とうとするのに対して、なるべく均質な生徒を集めて効率的に管理しようとする日本の学校は、まったく逆方向を向いているといっていいかもしれません。

## ディスカッションに向く人数はせいぜい二〇人

ぼくがイェールの大学院生だったころ、当時のレヴィン総長の訪日に付き添い、通訳を務めたことは序章でも述べました。総長はあちこちの高校や大学に招かれたり、関係者に会う機会がありましたが、訪問先に向かう車のなかで、その都度その学校の教員対学生の比率がどれくらいか聞くのです。

なぜそんなに教員対学生の比率にこだわるのかと尋ねてみると、この数字を見ればその学校の教育の質がほぼ正確に推測できるという持論を教えてくれました。レヴィン総長の考えでは、理想的な比率は一対一〇以下だそうです。世界でもっとも経験豊かな大学経営者のひとりが、常にこの比率で教育の質を測っていることには新鮮な驚きがありました。

ぼくの経験からいっても、ひとりひとりの意見や質問とそのリアクションをていねいに取り上げるには、やはり二〇人くらいが限度かなという気がします。日本では一クラスに三〇人も四〇人もいるのが普通ですから、双方向性を重んじるのは難しいでしょう。

そもそも教室に双方向性が必要かということも見解がわかれますし、仮に少人数でいこうとなっても、コストの問題もあります。生徒の意見を引き出すスタイルの授業に慣れていない先生が多いので、ファシリテーションの技法もトレーニングしなければいけません。少人数教育についての議論はまだまだ続いていくでしょう。

## 3 問いかけやすい環境とは

### フレンドリーな雰囲気をつくる

問いかけるという行為は、自発性の発露ですから、やみくもに「発言しなさい。質問しなさい」と命令しても、よけい萎縮《いしゅく》するだけでしょう。肝要なのは、発言や質問をしやすい環境をつくることですが、これまで見てきたように、日本の学校や塾は、構造的に問いかけにくい場になってしまっています。

再び、問いかけやすい環境づくりのヒントを、イェールに探ってみましょう。ただし、今度は教室での話ではありません。舞台は学生寮です。

ぼくがイェール大学に教員として在職していたのは二〇〇八年から二〇一二年の四年間です。そのうち、最初の一年間を除き、ぼくは学生寮の舎監として、家族そろって学生と寝食をともにしました。ぼくたちが住んでいたのはセイブルック寮というところで、歴史学者、平和の提唱者として名高い朝河貫一《あさかわかんいち》教授が一九三〇年代に舎監を務めるなど、日本とのつながりも深いところです。古めかしい外観は、まるでハリー・ポッターのお城を思わせます。イェールでは、学部生五千人、大学院生五千人、合計一万人くらいの学生が学んでいます。学部は全寮制で、五千人の学生が一二の学生寮にわかれて暮らしています。学生だけではありません。それぞれの寮には、寮長、事務長、舎監三名とその家族、合計で教員五家庭が居住しています。学生四百人くらいに先生が五家族、ここで「同じ釜の飯を食う」わけです。生活をともにしているからこそ、学生同士や教員との距離が縮まり、フレンドリーな雰囲気で議論ができるともいえます。

イェール大学には教員食堂がありません。かわりに教員は、学生食堂で無料で昼食をとることができます。ぼくも三年間、ほぼ朝昼晩、学生食堂でご飯を食べていました。寮の仕事をしていない教員でも、食卓を囲んで学生とさまざまな話をし、打ち解けることが、授業によい影響をもたらしています。

学生同士仲がよくなると、かなり夜遅くまで一緒に勉強するようになります。ぼくが住んでいた寮は、ちょうど真下が二四時間オープンしている図書館で、夜中の二時くらいに目が覚めてちょっと散歩しようかと外に出ると、図書館には煌々《こうこう》と灯りがついていて、何人かが哲学の本を広げて盛んに議論しているというような光景が常に見られました。

そうやって長い時間一緒に勉強して、お互いを知り、週末はパーティーをしてどんちゃん騒ぎもざらです。とにかく教室の中でも外でも、みんなで集まって活発に行動する環境があるというのはアメリカのいいところだなと思いました。

## 二四時間オープン、飲食OKの図書館

寮だけではなく、図書館の運営も学生のライフスタイルに配慮されたものでした。

イェールでは、新入生ひとりひとりに担当の司書が割り当てられます。専門分野の知識の壁にぶつかったときには、専門図書館の司書が惜しみなく支援の手をさしのべてくれます。学部生用の図書館にはカフェも併設されています。窓の多い開放感あふれるフロア、心地よいソファー、おなかがすけば飲食ができるスペースもあります。二四時間あいているので、思い立ったらいつでも利用できます。

このような環境のなかで学生たちは自由な雰囲気で勉強や議論ができます。

イェールは、学びの環境作りについてかなり真剣に考えています。これは、学生や教員がともに過ごす時間が心地よく、楽しいものであればあるほど心理的な垣根が取り払われ、探究心が活性化され、知的生産につながることを大学側が明確に意識しているからです。

こうしたイェールの取り組みからは、親密さと親切さの重視、学生目線の環境づくりが、結果的に高い成果をあげることを確信していることがうかがわれます。

## 「どうしてわからないの?」は禁句

たとえイェールのように立派な設備を用意できなくても、工夫しだいで学校や家庭で親密さや信頼関係をもっと醸成することはできるのではないでしょうか。

まず真似したいのが、「ほめて認める」こと。どんな内容でも、もし間違っていたとしても、誠実に問いを発するということは評価に値することなんだと態度で示すことです。

特に普段あまりほめない親子関係では、急には難しいかもしれませんが、これはイェールの先生たちが常に実践していることです。子どもの力を引きだすことをミッションとしている点では、大学教授も親も変わりがありません。そう考えて、たとえ見当違いな質問だと思えても、「面白いことに気がついたね」「その発想はなかったな」とポジティブに答えてあげてください。

間違っても、「そんなことがどうしてわからないの?」とは言わないでください。これは禁句です。子どもは、問いを発することはいけないことだと思い、疑問をそのまま解決せずに放置するクセがついてしまいます。先述の通り、自分の意見を言えるようになるには、「どんなことを言ってもこの場では大丈夫だ」という信頼感が必要ですから、まずは否定的な態度をとらないことから始めましょう。

## 「主張」と「わがまま」の違いを教える

子どもの発した問いや主張は、まず否定しないことが大切。しかし、何でもかんでも自分の要望を通そうという態度まで許せといっているわけではありません。ただのわがままと主張のいちばんの違いは、「なぜ」自分がそう思うのか、「なぜ」そうすることが必要なのかをきちんと説明できるかどうかです。それが意見を言うときのルールであることを教えるのも大人の役割です。

外でみんなの前では発言できなくても、スマホを買ってとか、お小遣いを上げてとか、門限を延ばしてとか、親に出される子どもの要望は尽きることはありません。

そのとき、子どものわがままぶりにカチンときても、頭ごなしに「ダメ！」と却下しては親まで子どもと同じになってしまいます。あるいは、猫かわいがりで何でもすぐに「いいよ」というのも考えものです。

ここはひと呼吸おいて、「どうしてそうしたいの？」と返して、いったん自分の言葉で考えさせてはどうでしょう？　要望が強ければ強いほど、成就しようとして子どもはあの手この手で主張の根拠を探すでしょう。

子どもの要望を容れられないときには、親も本気で合理的な反論をするべきです。普段から、自分でもひとこと理由を付け加える習慣をつけるのもいいかもしれません。「お母さんはこう思う。どうしてかというと〜」「パパはそういうの好きじゃないな。なぜかというと〜」というように。しだいに、家庭内で共有すべき価値観は何かということが、互いに明確に意識できるようになるでしょう。

## 「問いかけ」を見逃さないで

イェールの寮生活における舎監と学生の関係はある意味、擬似家族的なものでもありました。特に遠く離れた国や地域から入学してきた学生にとっては、いつでも相談できる大人が同じ屋根の下にいるのといないのでは、精神的な安定度がまったく違ったでしょう。

ぼくも三年間一緒に過ごした学生寮でたくさんの思い出をつくりました。期末テストの時期には、深夜まで勉強する学生たちを我が家に招き入れ、お寿司を振る舞ったこともありました。寮長は寮長で、図書室で勉強している学生にドーナッツを配ったりしています。学生から論文について話し合いたいという申し出があれば、夜遅くでも食堂で議論を尽くしました。

直接的に研究課題の指導にあたるのは担当教官ですし、ぼくたちも試験対策に逐一付き合っていたわけではありません。勉強の中身そのものよりも、安心して勉強できる環境づくりに配慮していました。そして、日々の振る舞いを通じて、壁にぶつかったときにはいつでも相談にのるよ、あなたたちを応援しているよ、という雰囲気を醸成することに努めました。

子どもが小学校高学年、中学と成長するにつれ、親が子どもの勉強をみてやることは難しくなります。現実的に、内容的にも時間的にも厳しくなってきますし、子どもの自立を考えても、計画づくりから自分がわからないところの洗い出しまで、自分でできるようになるに越したことはありません。

具体的な勉強の中身について逐一教え、生徒の質問に答えるのは、教職にある人の役割です。そもそも先生になるような人は、自分を含めて教えたがりだから先生になっているわけで、質問されるのが大好きです。特に日本の学校ではあまり質問してもらえないので、積極的にものを聞いてくる子は歓迎されるはずです。子どもが質問しないのは、シャイなだけでなく、忙しい先生を引き留めては迷惑なのではないかと子どもなりに遠慮している可能性もありますから、「専門家にはどんどん質問していいんだよ。そのほうが嬉しいんだから」と声をかけてあげてください。

一方、子どもにとって、何のために勉強するのか、どうやって勉強すればいいのか、勉強でつまずいたらどうすればいいのかといった、いちばん切実な問いを訊きたい相手は、もっとも身近にいて頼りにしている保護者ではないでしょうか。

今は保護者の方たちもとても忙しくて、親子で知的なかかわりを持つ時間が確保できない状況にあります（偉そうに教育について語る自分だって、家庭では子どもといる時間が少なく、よい父親であるとはとてもいえません）。一緒にいる時間が少ないからこそ、いざ子どもが重要な問いを発したときには、手を止めて、きちんと向き合う努力が大切だと思います。

繰り返しになりますが、学問というのは、「どのように問題を解くべきか」の前に、「どのような問題を見つけるか」から始まっています。問いかけなしでは、考えることも表現することもできません。

ただ、何もないところから問いは生まれません。よい問いを発するには、学問に近づく作法、すなわち正しい考え方、表現の仕方を身につけておくことが役に立ちます。何やら禅問答のようになってしまいましたが、次章からはいよいよ、どんなふうに考えたり、表現すればいいのかを、具体的に見ていきたいと思います。

# 第三章　「考える」ための学問の作法

## 1 「自分の頭で考える」って、どういうこと？

多くの親たちが、子どもに「自分の頭で考える人間になってほしい」といいます。自分自身も正解を覚え込む教育を受けてきて、これでは新しい時代に対応できないのではないのか、そのような疑問を直感的に感じ取っているのだと思います。本章では、「自分の頭で考える」ために役立つ方法や、実践の仕方について検討していきましょう。

### 「知識」の一歩先へ

人間の一生を考えると、すでにある知識を吸収していく局面、第一線で新しい価値を創造する局面、次の世代を育てる局面が順番に、あるいは同時並行的に次々と訪れます。

すでにある知識を吸収していく局面というのは、教育や研修を受ける場面です。教育を受け、知識を吸収することで、社会に出ても困らないよう、準備を整えるのです。憲法では、「健康で文化的な最低限度の生活を営む権利」が保障されており（二五条）、そのために「教育を受ける権利」（二六条）も規定されています。ほとんどの国で義務教育が行われ、子どもに「読み書きそろばん」が教えられるのは、このような理由があるからです。

一方で、人よりもたくさんお金を稼いで、いい生活をしたいと思えば、すでにある知識を吸収するだけでなく、これまでまったく存在しなかった価値をつくり出す作業に直接的、間接的に参加しなければなりません。新しい価値を創造するには、長年の努力やひらめきが必要です。誰もが巨万の富を築くことに成功するとは限らないのは、新しい価値を生み出すことが、義務教育を受けさえすれば自動的にできるようになるようなものではないことを示しています。

会社の経営や、国の経済でも同じです。貧しい国が先進国に追いつく段階では、知識を吸収する仕組み、つまり教育インフラさえ整い、社会的安定が確保できれば、すでにある技術を導入することで急速な経済成長を達成することができます。一方で先進国のように経済が成熟してしまうと、研究開発を通じて生産性を高める努力を続けない限り、豊かさを維持することができなくなります。国も、企業も、新しい付加価値や知識をつくり出していかない限り、競争に勝つどころか、参加することすらおぼつかなくなるのです。

何が言いたいかというと、すでに成熟国家となった日本に生まれた今の子どもたちは、最先端の知識を開発し、価値をつくり出すように学ばなければならないし、そのためには、高度経済成長時代のように単なる詰め込みでも何とかなっていた教育に甘んじていてはダメで、自分の力で一歩先にあるものを見つめなければならないということです。

## 「考える」を分解してみると

さて、お子さんに「自分でよく考えてみなさい」と言ったとして、ろくすっぽ考えた形跡もないのに「わかんない」と返されてカチンときたことはありませんか？　でもそれは、子どもたちが怠惰なのではなくて、「考え方がわからない」からかもしれません。

日本では、小学校から大学まで、教育のほぼ全過程において、「学問とは何か」「論理的思考とは」「科学的思考とは」ということが十分には教えられてきません。

数学、哲学、自然科学、社会科学など、学問にはたくさんの分野がありますが、それぞれ考えるための方法やマナーが確立していて、少しずつ得意なことが違います。それは、扱う対象、つまり「何について」考えるのかが違うからです。だから、いろいろな学問の方法や得意分野を知っておくと、どんな状況に置かれても、必要に応じて考えることができます。だからこそ、イェールでは将来どのような分野を専攻するにせよ、さまざまな科目をまんべんなく取らせる指導をするのです。

もうひとつ、「考える」には大事な要素がくっついてきます。「判断する」ことです。たいていの場合、なぜ考えるかというと、それは何らかの判断を求められているからです。判断するには、いろいろな材料を検討して、自分の判断基準に照らし合わせて検討することが必要です。

その判断基準は、人や状況によってさまざまです。道徳的な善悪で判断するとか、情報が正しい可能性で判断するとか、好き嫌いで判断するとか、いろいろありますが、とにかく百人いれば百通りの判断基準があります。

学問の大きな成果として、いろいろな対立する価値観を持つ人同士が集まったときに、共通で使える「言葉」をつくってきたということがあります。それは、論理的思考や科学的思考そのものです。学問の世界では、何語を話していても、どんな宗教や政治信条を持っていても、世界共通で通じる「伝え方」を共有してきました。その伝え方を知らなければ、どんな素敵なアイデアを発見しても、どんなに切実に訴えたいことがあっても、selfish、つまり「ジコチュー」と受け取られかねません。

ですから、ずっとひとりで夢想して生きていくなら別ですが、将来社会に出ていくことを前提にすれば、考えるときには、価値観を異にする他人に伝わるように「きちんと伝える」ことを意識しながら考える必要があります。

いきなり何やら抽象的な話になってしまいましたが、ここからはいろいろな例を引きながら説明していくので安心してください。

## 2　抽象と具体を行き来する

### すべての学問は抽象化を目指す

今、「抽象的な」という言葉を使いましたが、「抽象と具体って何？」とお子さんに聞かれたら、うまく説明できますか？　ぼくなりに説明してみると、「抽象的」とは、多くの物事に共通する特徴を抜き出し、一般的に当てはまる概念としてとらえていることを指します。反対に「具体的」とは、物事が直観的にわかるような姿やかたちを備えていることをいいます。

例えば日頃使っている地図は、現実世界の空間を抽象化したものです。地図で目にするという記号は、線路を抽象的に示したものです。これに対応するもので、

もっとも具体的なものは線路そのものです。

具体的なものは、形があるからこそわかりやすいのですが、一方で抽象化する努力を拒んでしまうと、かえってわかりにくくなることも多々あります。また具体的なもの（例：線路のレール）は持ち運ぶことが困難な場合が多いのですが、抽象的に示すもの（記号[redacted]を含む地図）は持ち運んだり、電気信号として遠隔地に飛ばしたりすることもできます。

もう少し地図について考えてみましょう。役に立つ地図とはどのような地図でしょうか。詳しければ詳しいほど役に立つでしょうか？　必ずしもそうだとは限りません。目的地が決まっているのであれば、主要な曲がり角がどこかを示したメモ書きだけで十分な場合も多々あります。もし縮尺一対一の地図があったとしたら、それはまったく役に立たないでしょう。抽象化の程度や方法は、地図を作る目的次第だといえます。

すべての学問は、世界について抽象的な認識を組み立てる努力を行っているといえます。日常で目にする具体的な現象の数々について、あるいはそもそも出発点から抽象的な概念について、共通の特徴を取り出し、さらに抽象化していく作業を行っています。一方で、学問的な知識を日常の生活に役立てようとすれば、今度は抽象化された概念から具体的な現象へと、逆方向に戻ってくる作業が必要になります。この抽象と具体を行ったり来たりする作業が、学問の楽しさであり、難しさでもあるのです。

子どもは誰でも具体的なものが好きである反面、抽象化されたものを、抽象化されたものと気づかずに接していることが頻繁にあります。子ども向けの職業体験型テーマパークとして有名な「キッザニア」は、将来の夢を具体的にかたちにしてくれるからこそ子どもたちを引きつけてやまないのです。ただ、キッザニアで体験する仕事は、現実にあるように複雑なものではなく、子ども向けに楽しめる要素だけを抽象化して取り出し、あらかじめ決められたメニューを子どもが受け身に消化するだけのもの、という限界もあります。

イェールでは、知的に成長し、間もなく実社会や研究の現場に巣立つ若者に対して、抽象と具体を自由に往来する場を提供していました。何かについて専門的に学びたければ授業を取り、そして課外活動で実践。イェールでは、例えば演劇であれば演技の理論を学びつつ、学生寮の劇場で演ずるなどの選択肢があります。抽象と具体の間を行き来し、その分野の専門家である教員からフィードバックを得る仕組みが充実しています。

問いを発し、論理的に考え、仮説を設定して、検証する、これが学問の手順です。この作業では頻繁に抽象と具体の間を往復しなければなりません。具体的なものを幅広く、数多く、そして深く体験することで、子どもの持つ経験的世界を育てていくことが大切です。

さらに、具体的な経験から引き出される示唆について、一般化可能なものがないか考えることも、次のステップに踏み出すために大切なのです。ところが、いきなり「具体的な正解」に飛びついてばかりいると、抽象と具体の間を往復する練習が十分になされません。

## 身近にある抽象と具体

文章を読んで、主張を簡潔に要約する作業は、抽象と具体の往復作業の一例です。言葉の習得でもそうですが、ものを覚えて、それと目の前にある事象がどのようなかかわりを持っていて、それにどんな意味があるのかを発見するには、抽象的な概念を具体的なイメージとうまくつないで考えられるかどうかがポイントです。

抽象と具体の行き来ということを考えるたびに、ぼくは中学生のころに友人と二人でキャンピング・テーブルを作ったことを思い出します。学校の宿題で、工作を一つ提出しなければならなかったのですが、どうせなら実際に使えるものを共同で作ろうということになりました。

まず地元の製材屋に行って、杉の丸太を一本買い、寸法通りに切り出してもらいました。それを肩に担いで自転車で友人宅まで運び、鋸《のこぎり》で加工し、カンナをかけ、ラッカー塗装を施し、組み立てました。設計図はできあいのものを使ったのですが、丸太をゼロから加工しているということの意味をかみしめながら作ったのを覚えています。丸太の値段がいくらか知ること自体が社会科の勉強になりました。

単純な工作ですが、一日二時間、週に五回、二週間は友人の家に通って作業をしました。カンナが木の節にあたって大変だったり、寸法を間違えて鋸を入れてしまったり、失敗の連続でしたが、最終的には見事なテーブルができあがりました。

社会は複雑な分業によって成立しています。分業の利益といえば、アダム・スミスが例として用いたクギの製造過程が有名です。ひとりでクギを一本、最初から最後まで作るよりも、クギの先端を作る、頭を作る、それぞれの工程を多くの職人で分担したほうが作業がはかどる、つまり生産性が高いという主張です。

ぼくは後に経済学を学んで、分業の利益や規模の経済について抽象的な理解を手に入れました。そのときに常に頭のなかには、ある意味で分業を否定し、ゼロから自分たちで作ったこのキャンピング・テーブルがありました。家具店に行けば、仕上がりが立派で、しかも値段も安いテーブルが売られています。それは工業的な分業の成果です。しかし分業の利益を理解するうえで、分業がない状況との比較があることが有益だったのです。

畳の上の水練のたとえではありませんが、どんな些細なものであっても、体験の価値というのは貴重なものです。誤解を恐れずにいえば、怪我《けが》だって大事な経験です。転んでひざをすりむく、刃物でけがをしてしまう、よそ見をしていて電信柱にぶつかることで、自然に危険の閾値《いきち》、つまり超えてはならない限界を学びます。体験の機会はどこにでも見つけられます。なるべく多様な場所に親子で出かける機会をつくり、そこで一緒に体験をし、見つけたこと、感じたこと、うまくいかなくて悔しい思いをしていること、できたときの喜びなどを共有することが大切ではないでしょうか。

## 3 論理的思考のトレーニング

### 数学は何の役に立つのか

具体的なものを抽象化し、その考えのプロセスをまとめるのに大切な役割を果たすのが論理の力です。論理とは、思考の形式そのものであり、言葉で納得させる手続きです。ごく簡単にいえば「〜は、〜だから、〜になる（なっている）」「〜により、〜は〜だといえる」というように、ものごとの関係を、明確に筋道立てて説明することです。

論理的な思考力をトレーニングするうえで、数学はまたとない機会を提供してくれます。例えば、中学生で習う図形の証明はその最たるものです。

図3–1　三角形の合同を証明する

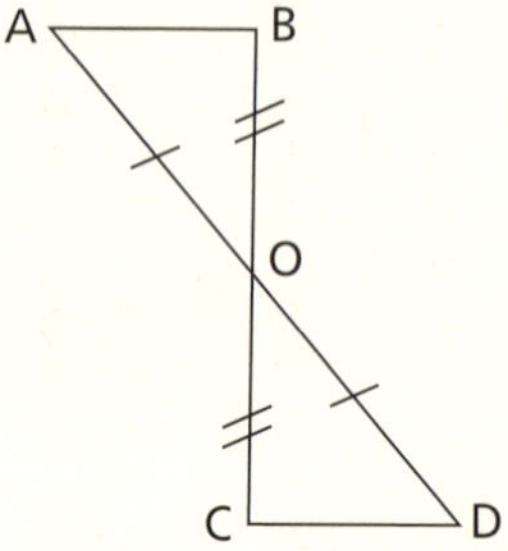


ひとつ、ためしに単純な例でやってみましょう。「二つの三角形が合同であることを示す証明」です。合同とは、二つの図形が完全に重なり合う、つまり同じ形をしていることをいいます。

二つの三角形が合同であることを示すには、（1）三辺の長さがそれぞれ等しい、（2）二辺の長さと挟まれる角の大きさが等しい、もしくは（3）一つの辺の長さと、その両端の角の大きさがそれぞれ等しい、このいずれかが成り立つことを示さなければなりません。

例えば二つの三角形が図3－1のように置かれていたとします。事前にＡＯ＝ＤＯ、ＢＯ＝ＣＯであることがわかっているとします。ここで図形の別の性質である、「対頂角は等しい」という事実から、∠ＡＯＢと∠ＣＯＤが等しいことがわかります。よって、先ほど挙げた三条件のうち、（2）に該当し、三角形ＡＯＢとＣＯＤは合同ということが証明されます。

「計算は日々の生活で必要だけれど、数学を勉強して実生活にどんないいことがあるのだろう」と思っている方も多いかもしれません。ぼく自身、中学生のころ「三角形の証明のどこが人生に役立つのだろう」と思って、数学の先生にその疑問を投げかけたことがあります。大人になって、数学とはかけ離れた学問に携わったあとで、中学生のころに解いていた図形の証明問題を見ると、思考をまとめるうえでのさまざまなヒントが詰まっていることに気づきました。

別々に与えられた情報をながめ、つなぎ合わせることで新たな事実がわかる、これが学問の面白さです。しかも図形の証明では、誰でも確実に納得できるかたちでわかります。一方、大人になって取り組む課題は、必ずしも確実にはわからないことが多いものです。そのとき、直面している不確実性を把握するためには、「証明された」状態がどのようなものか、参照基準として理解しておくことが大切です。

一般的に広く受け入れられている前提から出発して、具体的な結論を導くことを、「演《えん》繹《えき》」といいます。ここで取り上げた三角形の例では、与えられた情報（数学の問題集では「仮定」として取り扱われます）と、他にわかっている対頂角の性質から二つの図形の合同を演繹的に証明しました。

さまざまな主張や意見を検討するとき、そのアイデアのなかで矛盾がなくつじつまが合っていることを、学問では「内部整合的」といいます。誰かと議論しているとき、同意してもらうかどうか以前に、自分の考えを理解してもらう必要があります。そのためには、まず論理が内部整合的でないといけません。それを検証するうえでは、先ほど見た証明のように、数学的な手続きを用いると、簡潔かつ厳密にチェックすることができます。数学は内部整合性にこだわる学問といえます。

一方で、展開している論理が、その外の世界についてどこまで適用できるか、この基準のことを「外部整合性」といいます。性質上、議論のうえで外部整合性が重要な学問もあります。社会科学はまさにそうですね。

いずれにせよ、具体的なものを見たり、体験したりして感じたことを、抽象的な考えにまとめていくには、論理のつじつまが合っているか、つまり整合性について厳密に検証することが大切です。他方で、実践して具体的に把握することもしないと、理論の限界や、次にどのような課題があるかについてわかりません。どちらかに偏《かたよ》りすぎないことが大切です。

### 伝わりやすく書く、話す

論理の力は、異なる価値観を持つ相手と意思疎通したり、合意するうえでとても重要になってきます。自分の考えを伝えるだけでなく、相手の言い分を理解し、分析し、必要に応じて反論するためにも論理の力は必要です。

こう書くと難しそうですが、主張や交渉は、誰しも日常的にやっていることです。家電製品店で「これもまとめて買うから安くして」とか、レストランについて「あそこの店は高いわりにはおいしくないから好きじゃない」とか、何かしら理由をつけて伝えています。

ただ、日常的には普通にできるのに、いざ公的な場になると緊張してしまうせいか、何が言いたいのかよくわからなくなってしまう人がいます。それは、意識して「論理的に話す」ということに慣れていないからかもしれません。そもそも日本語は、同質的な価値観を持つ集団のなかで「空気」を踏まえて意思疎通しようとする歴史をたどってきた言語だからでしょうか、主体が不明確になりがちです。家族や親しい人との会話では「あうんの呼吸」でいいかもしれませんが、議論をする場面では、主張やその根拠がわかりにくいと相手が困惑します。

では、明確に、わかりやすく伝えるにはどうすればいいでしょうか。英語にそのヒントがあります。英語を母語としない人が英語を学ぶ意味や、学習法などは第六章であらためて述べますが、ここでは英語のかたちと伝わりやすさについてふれましょう。

英語ではまず主語、次に述語がくるように決まっており、話者の主張を明確に伝えざるをえないように仕組まれています。しかも英語の文章作法は、歴史的にイギリスが植民地支配を行うなかで、また米国が移民を受け入れていくなかで、英語を完全に理解していない住民にもわかりやすく行政命令を伝えたり、異文化の軋轢《あつれき》によるさまざまな紛争を仲裁したりしながら育っていったものです。つまり、わかりやすく、伝わりやすく工夫を重ねた結果が今の英語、特に文章作法なのです。

まず英語の論文は、結論が最初に来ます。これは「主題」(thesis)ともいいます。言いたいことを簡潔に表現することを最優先する英語の文章作法では、主題は必ず一つの文で書くことになっています。

次に主題で行っている主張が正しいことを示す「根拠」(evidence)を並べていきます。「私がこう主張する根拠は三つあって、第一に～、第二に～」といった具合です。根拠を補強するためには、具体的な例を挙げるとより説得力が増します。これを「例証」(Illustration)と呼びます。

各段落の最初には、そこで何について論じるかをやはり一文でまとめます。これを「トピックセンテンス」(topic sentence)と呼びます。段落ごとに、段落最初の文が段落の内容を要約しているというわけです。段落の残りの部分では、トピックセンテンスを補強する根拠を述べていきます。つまり、論文全体の構成と、各段落の構成は同じルールになっているわけですね。最初に何を証明するか述べて、論証が続くスタイルだという点で、先ほどやった図形の証明と同じ順番で文章を書く作業ともいえます。

イェールでは、各学生寮に作文のチューターがいます。それも、ジャーナリスト、作家、弁護士など、各専門分野で物書きとして活躍しているプロが、学生に作文の手ほどきをしています。ぜいたくですね。ここにも、多様性のなかで価値観や利害の違いを乗り越えて議論する力をつけてほしいという、イェールの教養教育の精神が感じられます。

英語の文章表現作法は、読み手にとって非常に親切です。まず主題を見て、この文章を詳細に読むべきかどうか判断できます。トピックセンテンスを拾い読みするだけで、全体の内容を大づかみに理解することもできます。日本語の作文スタイルは、最後まで読まないと結論がわからないので、読者に時間の無駄を強いています。忙しい人にも読んでもらえるわかりやすい文章を書くコツという点で、英語の論文作法は参考になります。

このスタイルで書くのに慣れてくると、しだいに思考も論理的で整理されたものになってきます。そうなると、だんだん、話し方も変わってきます。ぼくの塾では、中学生に英語で論文を書く練習をさせていますが、面白いことに、英語の文章作法に慣れて論理的思考力がついてくると、英語だけでなく国語の成績が上がったという生徒が多いのです。

家庭で論文指導までするのは無理かもしれませんが、意識して論文的な話し方でコミュニケーションすると、だんだん子どもも意見を言うときに根拠を示すようになります。第二章で、子どもの要望には、「なぜ?」と問い返すことで自分の考えを説明することに慣れさせましょうと提案しました。親が普段から「今日の晩御飯はお鍋です。第一に今日はとても寒いから。第二に冷蔵庫に野菜がたくさん残っているからです……」などと言って「論文的な話し方」を楽しんでいると、今度は子どものほうから「スマホは安全です。第一に各電話会社がセーフガードを講じているからです。第二に、使わせたくない機能には親がロックをかけられます……」などと達者に要望を言ってくるようになるかもしれません。

## 4 「自由研究」で育む科学的思考

### 科学研究の手続き

イェール大学の学部課程では、全員が「実験実習」の授業を必修科目として履修しなければならないことになっていました。英文学や彫刻を学ぶ学生でも、一学期間、科学実験実習を行う決まりでした。これは、イェール大学が考える科学教育の根幹に実験実習があることを示します。

一方、日本では、理科の授業で実験を重視している学校は増えてきているようですが、子どもが自ら実験や研究を楽しもうとしている姿はあまり見かけません。教育書がたくさん売れるという都内の書店関係者に聞いたところ、夏休みになると自由研究で何をすればいいのか頭を悩ませる子どもや保護者が次々に「ネタ本はないか。手軽にできるキットは？」とたずねてくるので、毎年「自由研究ネタ本、キット特設コーナー」を設置しているそうです。小中学生のとき自由研究が大好きだったぼくはちょっとびっくりしました。「自由研究」ですので、自由に研究を行えばいいのですが、この「自由」を重たく感じてしまう人が多いのでしょうか。

ぼくが日本の教育課程のなかで軽視されていると思うもののひとつに、科学的思考のトレーニングがあります。科学的思考とその手続きは、数学の解き方や論文の作法のように、言葉や価値観が違っても共有できる、世界共通のルールです。

自由研究は、自由とはいえ「研究」ですから、科学についての世界共通の標準ルールについて理解がないと、よいものができません。しかし日本の学校ではそれが体系的に教えられていないか、保護者が覚えていないせいで戸惑ってしまうのかもしれません。

せっかくなので、ここでは科学的思考とその手続きについて、具体的な自由研究の例を交えてお話しすることとしましょう。自由研究は、コンクールで金賞を取ることを目指すよりも、むしろ、長い間の学問の基礎になる学びの機会を得ることに目標を設定したほうがいいと思います。

研究では、まずテーマ、つまり「何を問い、検証するか」を設定することが何より大切です。よいアイデアはそう簡単には思いつかないので、日常の出来事から「不思議だな」と感じたことを書きとめておくのもよいでしょう。

テーマを決めたら、自分なりに「仮説」を立てます。そして「実験」し、仮説が正しいかどうかを「検証」します。これが科学における研究の手続きで、自由研究でも同じように行います。

## 実践！　自由研究

さて、ここでぼくもやってみましょう。

まずテーマ設定です。この原稿を執筆しているのは六月、梅雨入りを間近に控えた時期です。街ゆく中高生は制服の衣替えをして、幾分涼しい装いになります。

さて、この「涼しい装い」とは具体的にはどのようなことでしょうか？　そもそも衣替えをする必然性はあるのでしょうか？　日常的に、当たり前のこととして受け入れていたことを疑ってみるのも、問いかけの第一歩となります。ということで、テーマは「なぜ衣替えをするのか」に決まりました。

さて次は仮説です。仮説を立てるには、漠然と頭に浮かんだ「夏になると衣替えするのはなぜ？　衣替え後は白っぽい服が多いな」という疑問を、具体的な言葉に翻訳することが必要です。

男子生徒であれば、「涼しい装い」とは、白っぽく薄い生地のワイシャツやズボンを着用することです。反対に秋、冬は黒っぽく厚い生地の学生服を重ねて着ることになるでしょうか。この衣替えは、実際にどのような効果があるのでしょうか。効果があるとすれば、それは白っぽい服を着るからなのか、薄手の素材のものを着るからか、その両方か、どうでしょうか？　問いかけ自体はどんなことを取り上げてもよいのですが、このように、具体的に検証できるかたちに翻訳することが大切です。

次に、検証したいことについて、「理屈のうえではこうなるはず」と書き出してみましょう。これを「理論仮説」といいます。

理論仮説1：黒い服を着ていると暑い。
理論仮説2：厚い服を着ていると暑い。

それではこの理論仮説を検証するための手続きを考えなければなりません。さまざまな案が思い浮かびます。テレビの科学番組では、体温の高い部分を赤で、低い部分を青で表示することがよくあります。調べてみると、その装置はサーモグラフィーと呼ばれるそうです。この装置を用いて体温を測るのはどうでしょう？　しかし、わが家にはサーモグラフィーなどありません。体温を測るといっても、そもそも基礎体温の違う人を比べて意味があるかどうかは疑問です。

次に思いつくのは、温度計を使って温度の変化を記録することです。例えばビーカーに水を入れ、色や材質の違う布でくるむことで温度がどのように推移するか、グラフに記録していくのです。ところが、自由研究のために温度計やビーカーをいくつも購入するのは痛い出費です。だからといって、一つの温度計で、いろいろな条件に置かれた水の温度を調べてもよい結果は得られないかもしれません。比べているときの外気温や日光があたっているかどうかが違っていたら、比較が意味を持たなくなるからです。

そこで思いついたのは、氷を布でくるんで、溶ける速さを観測する実験です。実際に測定できる仮説（作業仮説）に翻訳すると、次の通りです。

作業仮説1：黒い布で包んだ氷は、白い布に比べて早く溶ける。
作業仮説2：厚い布で包んだ氷は、薄い布に比べて早く溶ける。

前提：着ていて暑いと感じる服は、氷を早く溶かす。

仮説は、間違いかどうかはっきりわかるかたちで書いておく必要があります。何が起こっても成り立つような仮説は、仮説としての役割を果たすことができません。例えば、「十円玉を投げると、ウラかオモテが出る」というのは、仮説とはいえません。

**いざ、実験・検証**

いよいよ仮説が正しいか、実験して確かめます。ノートと鉛筆、時計を用意して、しっかり記録しましょう。

六月一四日土曜日　晴れ　気温二七度

直射日光が当たる場所で検証しました。家庭型冷蔵庫の製氷皿で作成した二センチ四方の氷を二種類の厚さ、五種類の色の布でくるみ、完全に溶けるまでの時間を測定しました。

さて、結果はどうだったでしょうか（表3－1）。

表3–1　布でくるんだ氷が溶けるまでの時間

| 色 | 白 | 黒 | 青 | 赤 | 黄 |
|---|---|---|---|---|---|
| コットン | 26 | 22 | 23 | 23 | 24 |
| フェルト | 43 | 33 | 44 | 45 | 45 |

単位：分

コットン素材（薄い布）について観測結果を見ると、黒い布でくるんだ氷は溶けるのがもっとも早く、白い布でくるんだ氷は溶けるのがもっとも遅かったようです。コットン素材を見る限り、作業仮説1は間違っていなかったようです。

一方、フェルト（厚い布）で見ると黒は圧倒的に溶けるのが早く、続いて白、他の色が続く結果になっています。これは意外な結果でした。いちばん早く溶ける黒い生地にくるまれた氷と隣り合って置いてあったなどの影響かもしれません。実験をやり直し、再検証してもよいのですが、とりあえず反省材料は反省材料として記録しておきましょう。仮説通りの結果にならなかったとしても、それがなぜかを考えるための手がかりが得られれば、現段階ではよしとしましょう。

作業仮説2を見ると、コットンに比べて厚手のフェルトのほうが氷の溶ける時間が遅かったようです。この結果を見ると、日光を遮《しゃ》蔽《へい》するためには厚手の素材のほうがよさそうなのに、夏の衣替えでは薄手の素材を着用するようになります。なぜでしょうか。

理科の知識がある親なら、ここで「正解」を最初から教えたくなるでしょう。でも、あくまで子どもが自分で一歩一歩考えることに価値があります。保護者はこのサポート役に徹することが大切だと思います。

## 自分で研究をデザインする楽しさ

実はこの実験は、ぼくが小学校三年生の自由研究で行ったものを再現したものです。学校の自由研究コンクールで入賞したかどうかは覚えていませんが、「条件をそろえて比較する」ことの意味を理解するうえで、この実験はあとあと大変に役立ちました。また、そのときは明確に理解していなかったのですが、仮説を設定し、検証するという手続き自体、後に科学哲学の本を読んでも、この経験があったからこそ理解できたと思うことがたくさんありました。ぼくは後に研究者になって因果関係を推論する統計分析手法や比較歴史研究の作法を学んだりしていきましたが、「条件をそろえて比較する」という最初の直観は、この氷が溶ける実験で得たものでした。

このように、自由研究を行うことで、あとあと学問にかかわっていくうえで不可欠な直観を養うことができます。サイエンスについては、研究をデザインして実行していく一連の手続きが大切です。考え方を養うために、自由研究はよい機会になるでしょう。

知識を効率的に吸収することを重視するせいか、学校や塾では、こうした科学の手続きに則《のっと》って研究を行うための基礎や、自分で仮説を設定して検証していくことの楽しさは、十分に伝えられていないようです。仮説・検証を飛ばして、「それは間違っている」「これが正解」の授業を受け続けても、科学への理解、あるいは学びへの興味は促進されないでしょう。

よい研究を行うためには、そもそも日常的に何が課題か考え続け、検証手法についてパズルを解くようにいろいろと思いをめぐらす必要があります。性急かつ短期的に成果を求めるのではなく、長期的に自分の課題について考えられるというのは、分野にかかわらずよい研究者の資質です。そんな大人になるよう、子どものころから科学的思考の基本を理解することは、「正解」を暗記し続けるよりよっぽど尊い作業だといえます。それが夏休みの自由研究の本当の意味です。結局のところ、子どもの年齢なりに、科学とは何かについて、部分的にでも洞察を得ることができればいいのです。

### 再現実験も立派な研究

さて、自由研究とはいっても、ゼロから研究をデザインしていくのは、やはり大変な作業です。科学研究とは、ある意味人類全体でチームプレイをする知的営みです。つまり、すでにどのような知識があるか、公開情報になっていることが、科学の大切な側面なのです。そのような意味で、「自由研究のネタ本」をうまく使いこなすのも、重要なことです。まず、自由研究の参考書とおぼしきものにヒントとなる情報があったら、まずは本で行われている実験と同じ方法で同じ結果が得られるかどうか挑戦しましょう。これを「再現実験」といいます。

レポートには、どの本を見たかを引用します。例えば静電気の実験で、ペットボトルのなかで発泡スチロールが舞い上がる状況を再現するとします。

「成美堂出版編集部（編）（二〇〇八年）『小学生の自由研究高学年編』成美堂出版、一八～二一ページを参考に、静電気の性質を調べた」

と書けば事足れりです。小学生にとっては、書名を写し取るだけでも漢字の勉強になります。ただ単に漢字をノートに何度も書くよりも、記憶の定着もよいでしょう。

本と自分の実験結果を比較し、結果が再現できたか確認しましょう。結果が異なった場合には、何が原因か、仮説を立てて考えましょう。再現実験に成功したら、今度は本に書いてあることで、条件を一つだけ変えると結果がどうなるか考えましょう。必ず事前に考え、仮説として書き留めておくのを忘れないように。それから実際に検証し、どのような結果が得られたか記録するのです。

## 5　社会科と科学的思考

### 社会科学と自然科学の違い

「民主主義はなぜ必要なの?」いきなりこう問いかけられたら、どう答えますか?「必要だから必要です。」と答えるのは、いわゆるトートロジー、同義反復であって、答えを出したことにはなりません。

実は社会科学のここ数十年の研究成果として、民主主義を維持することでどのような利益が生ずるかが、かなりよくわかってきました。人類史上、民主主義国において大規模な飢饉《ききん》が発生したことはありません。*1 豊かな国の方が民主主義国の割合が高いのですが、それは主として、貧しい国に比べ豊かな国では、いったん成立した民主主義体制が倒れにくいからだということもわかっています。*2

中学生のころにこのような議論を知っていたら、もっと楽しく地理や歴史を勉強できただろうと思います。

さて、科学的思考は、物理学や生物学など、いわゆる自然科学（理科）だけではなく、歴史学や政治学など、社会科学（社会科）と呼ばれる分野でも応用できます。最近の社会科学は実験を行うことで仮説を検証することが増えてきました。自然科学が生物や天体など自然を分析対象とするように、社会科学は社会の仕組みや動きを学ぶ学問です。

理科が自然現象を説明するのに数学を用いるように、社会科学諸分野も、社会現象を分析したり説明したりするのに数学を用いることが増えてきました。学問の最先端では、分析の仕方や発想法において分野横断的につながっていたりするので、「理科は理系で社会は文系」などという発想はもはや時代遅れです。

経済学や政治学では、数学的な思考や方法で人間の行動を演繹的に分析したりします。実際の風景を地図というモデル（模型）で抽象化して把握するのと同様に、人間の行動を数学のモデルで表現するのです。そして統計学の手法を用いて、このモデルが現実の世界を説明するうえで役に立っているかどうか検証することが増えてきました。

また、科学において、実験や観察によって得られたデータは、仮説を検証し、さらにあらたな研究に向かうためにも貴重なものですが、最近の社会科学でも、物理学や生物学のように、実験を行うことで仮説を検証することが増えてきました。

このように社会科学と自然科学では学問の作法として多くを共有しているものの、社会科学特有の難しさもあります。人間そのものを相手にする社会科学では、自然科学とは違って、実験をすること自体が、倫理的または技術的問題を引き起こしかねません。例えば、民主主義の効果を見るために、ある国を民主主義でなくしたりすることはできません。また、人間が一定の刺激に対してマウスのように単純な反応を示すとは限りません。分析対象が人間社会、つまり私たち自身であるがゆえの難しさがあるのです。

ですから多くの場合、社会科学研究で根拠とするデータは、実験よりは、観測によって得られるデータが主となります。過去の研究成果や、アンケート調査、人口動態など各種の統計情報などにあたるだけでなく、社会科学では、インタビューなどの実地調査に出かけたりするのも大切な観測データ収集作業の一環です。

自然科学研究においても、実験を通じて自ら生のデータを得るだけでなく、先人たちの研究成果を引用することが有効であることを述べました。社会科学においても、誰が同じ人にインタビューし、同じ文献を見たとしても、だいたいは同じ結論が得られるということを示す、つまり考える過程を共有するために引用するのです。

**ご先祖様の着物から……**

先ほど紹介した氷が溶ける実験の他にもうひとつ、ぼくが忘れられない自由研究の例があります。実家の土蔵のタンスに何が入っているか調査したのです。古いタンスの奥からは、なんと裃《かみしも》や印籠《いんろう》が出てきました。裃は小学校五年生だったぼくが着てちょうどよい大きさで、江戸後期と推測される時代、わが家の男性の身長はおそらく一五〇センチメートル台で、明治以降の一族の身長に比べてかなり小柄だったことが判明しました。後で調べてみると、やはり江戸後期の日本人は小柄だったようです。*3

社会科の自由研究を行うことで、膨大な量の情報から、何が選ばれ、選ばれなかったのか、情報の価値について考えるきっかけになりました。次章でもふれますが、自ら実験や観測を行って得た生のデータを「一次資料」といいます。研究で参照するさまざまな資料のうち、一番もとになるものをそう呼びます。この場合、ぼくが見つけたご先祖様の裃は一次資料だったといえます。この体験を通して、一次資料から得られる情報は、とうていあなどれないということもよくわかりました。やはり、学んで問うためには、ゼロから出発する試みと、過去の知恵を参照するということの両方が大事なのだと思います。

以上、本章では、自分で考えることの意味について議論してきました。実際には、自分で考えた内容を明確に把握するためには、すでに他の誰がどのような考えをまとめたか、把握することが大切であることもわかりました。自分で考えるとは、必ずしもゼロから始めることとは限らず、すでにある成果のうえに、自分が何をするかを考えることだと心得たほうが現実的なのです。

**注**

＊1　アマルティア・セン『貧困と飢饉』黒崎卓・山崎幸治訳、二〇〇〇年、岩波書店。原著は一九八一年初版。

＊2　Boix, Carles and Susan C. Stokes (2003) "Endogenous Democratization." *World Politics*, 55: pp. 517–549.

＊3　鬼頭宏「生活水準」（第一九章　四三五ページ）西川俊作・尾高煌之助・斎藤修編著『日本経済の200年』一九九六年、日本評論社

# 第四章　「表現する」ための読書法

## 1　なぜ読書で頭がよくなるのか

ここまで、いかに自ら問題を見つけることが大切か、その問いと向き合い続けて自分なりに判断、評価していくトレーニングがいかに、世界だけでなく、自分を理解する助けになるかについて述べてきました。それは、これから子どもたちが出会う多様な価値観を持つ人たちを理解し、尊重することにもつながります。

何か新しいアイデアを表現するときに、すでにみんなが知っているような別のものにたとえて説明したり、新しいものに出会ってそれを自分なりに評価するときに、比較して検討する対象がたくさんあればあるほど、自分の評価や判断に自信が持ちやすくなります。普段からなるべくたくさんの材料を集めておけば、いざというときに役立ちます。

そのために有効なのが読書です。よく、本さえ読んでいれば高校生くらいまでの勉強は何とかなるといわれますが、ある程度までは真実です。それはただ本を読んでいる量が多いと知識が増えてよいということではなくて、本を読むことで自分でも意識しないうちに、著者からの問いかけを受け止め、考え、問い返すことを繰り返しており、そのことで思考力が向上しているからです。

本章では、読書をより効果的に行うための本の選び方、読み方、記録の仕方について紹介しましょう。

## 「小さな研究者」を育てる

学ぶ意欲がある中高生に、ぼくがよく言い聞かせるのは、「中高校生のうちに大学生のように本を読め。大学生になったら院生のようにレポートを書け。院生になったら世界の最先端に身を置け」ということです。

本を読み、考え、記録していく作業は、小学生でも始めることができます。「大学生のように本を読め」といっても、ぼくは決して、受験塾が中学受験をする小学生相手に言うように、「カリキュラムの先取り学習をしなさい」という意味で言っているのではありません。

「問いを発し、考えろ」といっても、実際にできるまでには時間がかかります。ともすると議論を尽くすということは、瞬間的に言葉のキャッチボールをするディベート大会や、「ハーバード白熱教室」のようなものだととらえられがちです。しかし実際には、自分の考えを他人にもわかるようにまとめるためには、考えを熟成し、持続的に問いかけを続けるための時間が必要です。そしてそのような問いかけは、小学生、中学生のうちから始めてほしいと思うのです。また、ただでさえ習い事や塾通いで時間がなく、学校でも問いかける訓練がなされていない環境では、自分で意識的に考えていく努力を行わないと、いつまでたってもできるようになりません。

今は少子化が進み、大学の数が増えて大学全入時代などといわれますが、ひと昔前は「日本では、大学に入るまでがもっとも難しく、卒業するのは簡単だ」といわれていました。今でも難関大学についてはそういえるかもしれません。外の目から見た印象もそれに近いもので、政治経済を研究するアメリカ人の友人は、「卒業間近の日本の高校生は世界でもっとも優秀で勤勉だが、大学生はもっとも堕落していて怠惰」と評していました。これは、受験勉強から解放された反動で机に向かわなくなってしまうことも指していますが、大学生になったら、与えられた問題を効率的に解くことでなく、自分なりの研究課題を自ら設定することが求められるのに、日本の学生はそれができないということをいっているのです。だから、読書を通じて、早いうちから自分の頭で考える練習をしておく必要があるのです。いわば、「小さな研究者」を育てましょう、ということです。

## もっとも安あがりな思考トレーニング

それではなぜ、ぼくが「本を読むように」すすめるのか、理由を説明したいと思います。本を読むことのメリットとして第一に挙げられるのは、情報収集にかかるコストが圧倒的に安いことです。第三章では、日常生活のなかで体験的にものを考えていくことの大切さについて述べましたが、本を読むことで、生活空間をともにする家族や友人という身近な人間関係を超えて、問いかけを受け止めたり、問いを発したりする作業を、ひとりで、いつでもどこでも、とても安価に行うことができます。どんな学校にも図書館があることからわかるように、必ずしも経済的に恵まれた環境に育っていなくても、本を読む最低限の機会は保証されています。

また、本は、世に出ている時点で、一定の品質保証がなされています。通常、本が世に出るためには、まとまりのある課題について専門家が調べて考えをまとめ、その内容を出版社が吟味するという手続きが必要です。特に古典といわれるような本は、たくさんの読者によって、長い時間をかけてその内容が評価されているからこそ時代を超えて読み継がれているわけです。

そして、本を読むことで、知らない世界のことにふれられるだけでなく、著者の主張が正しいかどうか、自分の知識や価値観と照らし合わせて考えることもできます。また、同じことをいうのにも、さまざまな表現方法（文体や構成の仕方）があることもわかります。これだけの思考のトレーニングを、誰の手もわずらわせずにたったひとりでできるのです。

ぼくは子どものころから読書をするのが好きでしたが、特に学校などで読書指導を受けた記憶はありません。でも、大学に入って本格的に論文を書き始めるようになってから、とりわけ米国留学後には素晴らしい読書指導を受けました。図書館の使い方や、論文執筆に有用な資料探しについて、図書館の司書に指導を受けることも多々ありました。ぼくの読書経験と、先輩方から受けたアドバイスなどを踏まえて、小学生でも実践できる読書法について、紹介したいと思います。

なお、今後は急速に普及しつつある電子書籍が読書の中心になっていくかもしれませんが、本書ではアナログの紙の本を想定して話を進めていきます。電子書籍の最大の利点は検索性と携帯性にあります。価格も紙より安価です。本人が紙より電子書籍のほうがいいというならもちろんそれを否定する理由はありません。

ただ、本書では本に書き込んだり読書ノートをとりながら本を読むことを提案します。実際に手を動かして書くことでしっかり意識化されるというのもありますし、小学校高学年ではまだまだ漢字を使いこなす途上にいるでしょうから、あえてアナログにこだわることにも意味があるのではないでしょうか。

## 2　書店と図書館をもっと活用しよう

### 書店に足を運ぶ

具体的な読書法に入る以前に、「うちの子、あまり本を読まないんですけどどうしたらいいでしょう?」という方も多いと思います。本好きな子は放っておいても、次々と好きな本を自分で見つけてきますから、「どう本を選ぶか」についても、基本的には本人に任せて、ときどき「こんなのはどう?」と、普段あまり読まないジャンルの本や、少し歯ごたえのある本を提案して、世界を広げてあげればいいと思います。それについては次節に譲るとして、本を読む習慣がない子には、あれを読めこれを読めといっても、本棚の肥やしか昼寝の枕になるのがオチでしょう。

ぼくたちが子どものころは、読む読まないにかかわらず、リビングに古典の全集などが置いてあって、子ども向けの「世界文学全集」の類をそろえる家庭も多かったと思います。そんななかで、ふと本を手にとってみたら面白くて夢中になって読んだというような経験もあったのではないでしょうか。今は時代が変わってそういうお宅も減ってしまいましたから、まずは、本が大量に、整理された状態で並んでいるところに身を置いてみる体験から始めてはどうでしょう。つまり、書店や図書館に一緒に足を運んでみるのです。

まず書店。これまで米国と韓国の大学で教え、両国の大都市周辺に長期間滞在した経験からいうと、日本の書店は実に素晴らしいといえます。選択肢の幅広さ、新刊本も古典も幅広く取りそろえる姿勢。最近では、椅子を置いたりカフェを併設したりして、ゆったりと本選びを楽しめる書店も増えてきました。このように充実した知のインフラが身近に存在するのに、活用しない手はありません。

街でいちばん大きな書店でもいいですし、近所の小さな本屋さんでもいい。実際に訪れて、どんな本があるかを空間的に把握するのです。

子どもを野放しにすると、マンガやゲームの置いてある棚に直行してしまいがちなので、その前に、まずは子どもと一緒に棚を見ながらぐるりと店内を巡ってみましょう。

まず、書店の店頭に近い場所には、たいていそのときにいちばん売れている本が集められています。今、どんなことが話題になっているか。つまり、世の中の人の関心や欲望や悩みがわかります。

奥に進むと、棚に「実用」「文学」「社会」「コミック」などと名前がついているのに気づきます。それぞれの棚にどんな書名の本が並んでいるか眺めるだけでも、かなりの勉強になります。もちろん、小学生には読めない漢字や意味のわからない言葉の入っている書名もありますが、まずは眺めて、そのジャンルでどんな言葉が多く使われているかを感じるだけでもいいのです。

大都市であれば、地元で定評のある大型書店に行ってみましょう。大型書店にはジャンルごとに担当者がいて、かなりの程度まで本の内容を把握し、売れる本が目に付きやすいように、しかも古典的な本は品切れにならないように、工夫して本を棚に並べています。もともと調べもののために適当な本を探しているときは、本のプロである書店員に相談してみるといいでしょう。その場合も、できるだけ自分で質問させてください。家族や先生以外の大人に質問するチャンスです。敬語の練習にもなります。これは図書館に行ったときでも同じです。

気になる本があったら、手に取ってみましょう。帯や著者略歴に何が書いてあるでしょうか。著者近影とにらめっこしてもいいです。手に取っている本に対して、「こんな本がある」というイメージを、記憶のどこかに残すことができれば、それで構いません。本との出会いは、最初はそのようなものに過ぎないことが多いのです。

しばらく店頭で本と対話してみて、子どもが手にとってしばらく眺めて、じっくり読みたいと言うものは買ってあげましょう。後で古典についてもふれますが、人類の大切な知的遺産の一部を構成する本が、文庫や新書なら千円以内で買えたりします。これをゆっくりていねいに読めば、何度でも、何年でも、さまざまな問いかけを自分に対して発することができます。

一方で、買わなかったけれども気になる本については、著者名と書名だけでもメモして、近所の図書館に行きましょう。

図書館で手に取る本は、多くの場合、管理しやすくするためにカバーや帯が取り外されています。ですので、書店で本を見るときには、カバーや帯にも注意してください。著者や出版社が、その本のどこに注目してほしいと考えているか読み取る手がかりになります。

## 図書館は知の殿堂

さて次に、図書館の使い方です。ぼく自身、米国に留学してよかったことのひとつは、図書館を上手に使えるようになったことです。

情報収集には多様な方法があります。携帯端末からキーワードを入力すれば、一瞬にして関連情報を含むインターネットサイトにアクセスできる時代になりました。こんな便利な時代だからこそ、図書館に行くことをおすすめします。インターネットにはない図書館のメリットは、どのような内容の本がどの位置にどんな順で並んでいるかを、目で見て手でふれて確かめることができることです。難しくいえば、概念と概念のつながりを空間的に把握することができます。

これは、ある程度書店でも可能ではありますが、限られたスペースのなか、売れ筋でない本を置く余裕がないこともあります。また、優れた本でも、絶版になっているような本は置きたくても置けません。売れる売れないよりも、店員が読んでほしいと思う本を置くことも多いです。これは良い悪いではなく、書店の個性というべきでしょう。

図書館では、どこでも標準的な分類のルールに従って本が陳列されています。日本では「日本十進分類法」に従って並べられています。三段階で分野がわけられ、三ケタの番号がついています。一例として、「政治」について調べようとするとき、その分類はどのようになっているかを、**表4-1**に示しておきます。

実際に図書館のなかを歩けば、政治(310番台)の本の隣には法律(320番台)の本が、地球科学(450番台)の隣には生物学(460番台)の棚があるでしょう。この番号は本を探すときにももちろん役立ちますが、どんな学問分野があって、それがどのように枝分かれしているかを知るうえでも参考になります。

図書館には司書という、本の専門家がいます。単に本を管理したり、探すだけではなく、利用者のニーズに応じて最適な本をアドバイスする仕事です。ですから、どんどん質問していいのです。

大きな図書館ほど、専門書の蔵書が多くなります。大きな図書館で、多様で専門的な知識にふれるよさもありますが、他方で地元の小さな図書館で、選び抜かれた図書、つまり使用頻度が高いと図書館職員が判断した図書にふれることにも大きな意味があります。

ぼくは子どものころから、図書館で過ごす時間が好きでした。図書館にある本は、その分野では古典といわれる著作が多くなります。長年にわたって読み継がれている本が、相互に影響を与え合って学問が発展してきた様子を、この目で見ることができます。書店の棚が同時代の人たちの関心を代弁しているとすれば、図書館は、古今東西の賢人たちが歩んできた知の道を示しているのです。

いろいろ書きましたが、最初はとにかく、書店や図書館に定期的に通い、そこで時間を過ごすことが大切です。徐々に本のある空間になじんでくるとともに、何がどこにあるかある程度頭に入ってきます。そのうち、調べたいことが出てきたら、自然に図書館に足が向くようになるでしょう。

第三章でも、生活のなかでさまざまな体験をし、具体的なイメージと抽象的な概念をつなぐことが重要だと述べました。みなさん経験があると思いますが、旅行をしたり、何か新しい体験をしたあと、子どもの語彙《ごい》は急に増えます。そうしたときは調べものをさせるチャンスです。体験の印象がまだ鮮明なうち、現場で感じた疑問を忘れないうちに、図書館や書店に行きましょう。下調べはインターネットを使っても構いません。児童向けの百科事典や絵入り図鑑から入り、さらに興味を持ったら、必要に応じて専門書まで調べることができます。

**表4–1　日本十進分類法**

| | | | |
|---|---|---|---|
| 0 | 総記 | 5 | 技術 |
| 1 | 哲学・宗教 | 6 | 産業 |
| 2 | 歴史・地理 | 7 | 芸術 |
| 3 | 社会科学 | 8 | 言語 |
| 4 | 自然科学 | 9 | 文学 |

↓

| | |
|---|---|
| 30 | 社会科学 |
| 31 | 政治 |
| 32 | 法律 |
| 33 | 経済 |
| 34 | 財政 |
| 35 | 統計 |
| 36 | 社会 |
| 37 | 教育 |
| 38 | 風俗習慣・民俗学・民族学 |
| 39 | 国防・軍事 |

↓

| | |
|---|---|
| 310 | 政治 |
| 311 | 政治学・政治思想 |
| 312 | 政治史・事情 |
| 313 | 国家の形態・政治体制 |
| 314 | 議会 |
| 315 | 政党・政治結社 |
| 316 | 国家と個人・宗教・民族 |
| 317 | 行政 |
| 318 | 地方自治・地方行政 |
| 319 | 外交・国際問題 |

＊第9版による

## 3　本の選び方

### 若いうちこそ古典を！

さて、ある程度本に親しむようになった。目的があれば調べて読むようにもなった。でも相変わらず普段読むのは絵入りの本やマンガばかり……。そんな子もいるでしょう。

次の問題は「何を読むか」です。何が読みたいかに気づき、実際に本を選んで読むのは本人以外ありませんから、基本的には、何を読むかは自分で決めてほしいと思います。しかし人生は有限です。特に若い感性と頭脳を持っているうちに読むことのできる本の数には限りがあります。絵入りの本の次はライト・ノベルもいいけれど、少し歯ごたえのあるものを読んでみようよ、そんな提案をする場合、どのように本を選べばよいのでしょうか。

本を読む習慣がない子にすすめるべき本としてよくいわれるのは、「本を読むこと自体の楽しみを感じられるもの」です。

すぐに思い浮かぶのは、ファンタジーや推理小説、冒険小説の類です。自然観察記や少年少女文学など、いわゆる「世界の名作文学」シリーズに名を連ねるものなどは完成度からいっても、面白さからいってもおすすめできるものです。

同時代の大ヒット作も、それだけ多くの子どもたちが夢中になったのだから、面白くないわけがありません。アメリカの小学生では、「ハリー・ポッター」シリーズなどがそれにあたります。

しかし、本書におけるぼくのスタンスは「小さな研究者になろう」ですから、「子どものための文学ガイド」は他書に譲って、ここでは、「将来学問をするために今読んでおくべき本」という視点で紹介していこうと思います。

そのうえでまず認識してほしいのは、学問的な議論や知識というのは、ほとんどすべて先人の苦労や貢献のうえに成り立っているということです。ゼロから一を生み出す苦労は、一を百に増やすよりも、圧倒的に大変です。今日、専門的な知識として共有されている事柄は、先人によって生み出されてきた知的格闘の成果を、否定したり受け入れたりすることを繰り返しながら発展してきたものです。

その意味で、早い子なら小学生、遅くとも中高生のうちにある程度読んでおいてほしいのは古典です。ここでいう古典とは、英語でいうクラシックの意味で、決して国語の古文や漢文を読めといっているわけではありません。英和辞典で classic を引けば、文学・芸術などにおいて「最高級である」というのがもともとの意味であり、そこから派生して「第一級の」あるいは「模範的、標準的、典型的」という意味があることがわかります。つまり、古典であるということは、それだけで一定の選抜を経て「最高級」という太鼓判が押された著作であるということです。

なぜ人生の早いうちに古典を読んでほしいかといえば、一生の間に何度もそこに立ち返って物事の意味を考える参照地点になるからです。

古典にも多くの誤りが含まれることがあります。古典として読み継がれてきた著作であっても、今日の学術的知見に照らし合わせて正しいことばかりが書いてあるとは限りません。偉大な天才でも、インターネットもない時代に、科学的知見も出そろわないなかで推論に推論を重ねた結果、現代から見れば間違ったことを書いていたりします。そうした過ちをも含め、人類の重ねてきた知的格闘を追体験するためにこそ、古典を読んでほしいと思うのです。小学生向けにやさしく書き直されたものでも構いません。

日本の学校教育では古典を読まずに、入門書から入るので、なおさら自分で読むときには古典に立ち返ってほしいのです。

入門書というのは、ある意味インデックスにすぎません。広範な学術的成果について、最小限この項目についておさえておけば、ラフながらも全体像がつかめるのではないかというものをダイジェストで解説するものです。難しい専門用語を極力避け、専門家が噛みくだいて解説してくれています。入門書は、文字通り入門者にとって心強い味方ですが、入門書だけを読んでいると、専門的な知見に対する解釈を他人に委ね続けるということになります。第一章でふれた、「重大ニュース集」だけを参照するのと同じ問題があります。

## 古典は書物の「一次資料」

「一次資料」という言葉があります。第三章でもふれましたが、一次資料というのは、「いちばんもとになる情報」のことをいいます。誰かが解釈や編集を加えたものは二次資料、さらにこれをもとに編集が加わったものは三次資料として区別します。学問でも、ビジネスでも、プロであればできる限り一次資料にあたって仕事をします。

本の場合は、「原典」とも呼ばれます。翻訳書の場合は、最初に著者が書いた原語のもの。論文を書く場合には、基本的に自分が実験や調査で採った数値を根拠にしますが、論を補強するために他の人の研究成果を引用する場合には、解説書等からの引用ではなく、元の論文を参照します。社会現象を分析する場合に統計を利用する場合にも、調査を行った当人や団体がとりまとめて発表したものを探します。

人間が築き上げてきた知識を本にたとえると、まず歴史によって積み上げられた膨大な古典が礎《いしずえ》としてあって、次にその財産を分野ごとにコンパクトに解説した入門書があり、そのうえに各分野の先鋭的な専門書があるというイメージです（図４－１）。古典は、書物の世界における一次資料中の一次資料といえます。

専門書を読むのは大学生になってからでかまいませんが、読みこなせるかどうかはともかく、ぼくとしては大学に入る前に、なるべく早くから古典や入門書にふれておいてほしいと思います。

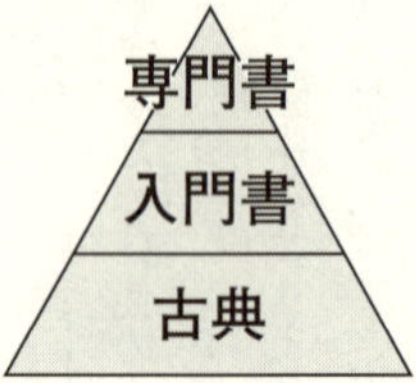


図4–1　本で得られる知識のピラミッド

なぜなら、日本の大学生を見ていると、大学に入ってから何を学んだらよいか途方に暮れるという子が多過ぎるからです。古典や入門書は、大学に入ればこのようなことを学ぶのだという具体的なイメージを持つために読みます。たいていの子どもにとって古典や入門書は難しすぎます。だから、全部を読み通さなくても、書いてある内容をすべて理解しなくてもいいので、どの学問でどんな問いが扱われてきたのかだけでもつかみとってほしいと思います。

## 古典の見つけ方

では、古典といわれる本はどのように探せばよいのでしょうか。古典は、多くの場合は解説書が出版されていますし、世界史や日本史の教科書に取り上げられていたりします。まずはこのなかから気になるものに挑戦するのがいいでしょう。副読本として配られる歴史の用語集や年表は、ただ単に暗記する対象だと考えれば退屈な書物ですが、これを手がかりに古典的著作を読み歩くための文献リストだと思えば、印象が変わってきます。

いくつか気になるタイトルをリストアップしたら、書店や図書館に行きましょう。書店で買うなら、安価で各出版社が出している文庫のコーナーがおすすめです。古い版のものは字が小さくて読みにくいかもしれませんが、そのうち慣れます。いくつか手にとってみて、目次や解説を斜め読みするだけでも歴史の勉強にもなります。

例えば、ぼくが中学高校時代に、歴史の教科書で知って読み、その後何度も読み返した古典には、ソポクレース『アンティゴネー』、プラトン『国家』などがあります。

また、古代、中世、近代と、古典の時代にもさまざまありますが、ぼくは戦後の著作にも「新しい古典」と呼ぶべきものは多々あると思います。

例えばぼくが国際関係論を志すきっかけとなった本のひとつであるE・H・カー『危機の二十年――理想と現実』[*1]は、その後政治学を専攻して政治学者となってからもたびたび参照し、その都度新しい視点を与えてくれます。

## 大学の入門書・教科書を一冊手元に置いておく

いろいろな分野の古典にふれてみて、子どもが特定の分野に興味を持ったら、ピラミッドの次の階、入門書に挑戦してみましょう。

古典は多くの書物に古典として紹介されていますが、入門書についてはあまり適切なガイドがありません。学校の教科書にも載っていません。

しかし、よい入門書を見分けるコツは簡単です。引用している参考文献のリストがしっかりしているものが、のちのち役に立つ入門書です。参考文献リストは、たいてい巻末や章末に示してあるので、あるかないかはすぐに判断できます。文献リストのない学術入門書は、あとあとさらに調べたいことが出てきたときに何を参照すればよいかわからないだけでなく、場合によっては事情をよく把握していない著者が、典拠のはっきりしない資料から引き写した可能性さえあります。

大学の一般教養課程で使われ、定評のある教科書は、下手な入門書よりも役に立ちます。古典についても、より専門的な知識についても手を抜かずに引用がなされ、巻末に文献リストや読書案内が含まれるものがおすすめです。例えば生物学なら『キャンベル生物学』[*2]、経済学ならマンキュー『入門経済学』[*3]などが代表的な教科書です。これも、なかなか自力で探すのは難しいので、図書館司書や書店員など、その道のプロの力を借りるといいでしょう。

「小学生に大学の教科書を見せてどうする?」という批判もあるかもしれません。でもぼくは、あえてこれくらいのレベルのものを一冊うちに置いておくぐらいがちょうどよいと思っています。世の中のさまざまな疑問に対して、学問がどのような問いかけを行い、どんな答えを用意しているか、眺めるためです。ただ、専門書は高価ですし、海外のものの日本語訳はすでに絶版になっているものもありますから、図書館から借りてもかまいません。

幼稚園や保育園に通っている子どもと公園に出かけて、身近な自然に興味を持ち始めたら、子ども用の図鑑を買い与えるということはよくあります。その時点で子どもが漢字を読めなくても、「眺めているだけでもためになるし、たとえ今は読めなくても、そのうちふりがなを頼りに読めるようになるだろう」と考えたのではありませんか? それと同じです。

子どもが成長するにつれ、なぜか大人は子どもの知的好奇心に天井を設けてしまうことがあるようです。押し付けはいけませんが、もしも子どもがある分野に興味を示したら、少々背伸びでもいい、大学生が使っているような教科書、それも品質の高いものを選んで目につくところに置いてやるのも親ごころではないでしょうか。

日本の子どもたちを見ていて残念に感じることは、わからないことをすぐに拒絶してしまうことです。これは、大学に入ってからもそうです。そもそも、学問はわからないことに挑戦していく営みです。高い山の頂を眺めて、「こんなの登れない」と嘆くよりも、頂上まであと何メートルということを把握しながら、一段、一段登っていくことです。「今すぐわかること」にしか興味を持てなければ、いつまで経っても成長は望めません。今わからなくても、「将来わかること」を目標として本を置いておく、必要に応じて何度も読む、問いかけながら読む。そんなふうに本と付き合ってほしいし、それに耐えうる本選びを、親も学生時代に戻った気持ちで、楽しんで手伝ってあげてほしいと思います。

## 4 本の読み方

### 精読か速読か

さて、いよいよ本の読み方です。最初にことわっておきますが、強制されて読むのならともかく、好きで興味があって読むものについては、つまらないと思ったら読むのをやめる自由もあります。まったく何も読まないよりは、たとえ途中で断念するのであっても、何かを読み始めたほうがいいでしょう。購入した本であれば、「せっかく買ったのにもったいない」と思わず言ってしまいそうですが、読みたくないのに最後まで読めと強制されたら、読書がつらいものになってしまいます。

本には、いろいろな読み方があります。一度通読してみるというのはスタンダードなやり方です。本の著者は通常、読者が自分の本を通読して主張の全体像が伝わるように、順番を整理して本を書きます。ただ、ぼくが子どもだったころは、一回通読する、二回通読するといった、通読の回数でしか読書のやり方を教わらなかったように記憶していますので、ここでは通読以外の読み方も紹介しておきます。お子さんだけでなく、保護者の方にも参考になると思うのでぜひ実践してみてください。

通読以外には、速読と精読があります。

速読は主として、著者の主張を把握することに主たる目的があります。拾い読み、斜め読みから、特別なトレーニングによって「見るように読む」技術を使うものなど、いろいろなやり方がありますが、子どもの間は、特に速読の技術を習う必要はないと思います。

精読は、ただゆっくり読むというのではなく、著者の主張をていねいに検証していくプロセスを重視します。

本と対話することを意識するなら、通読と精読、速読と精読の組み合わせをするといいと思います。目次と見出しだけていねいに見て、本文は速読する場合もありますし、全体をざっと速読して、必要な章だけ何度も読み返して精読する場合もあります。今置かれている状況に照らして、楽しい読み方、ニーズに合った読み方をすればよいのです。

本書でおすすめするのは、読書用のノートを用意して、わからないところや、特に印象に残ったところ、感想や要約などを記録しながら読むことです。他に発展的な読み方としては、参考文献が明記されている場合、入手できる参考文献にあたって、主張の根拠を点検したりする場合もあります。これらも一種の精読といえるでしょう。

## 買った本は消耗品と割り切ってもよい

本を購入することの最大の利点は、本にメモをしながら読むことができること、いつでも好きなときに再読できることです。コレクションのために買うならともかく、本を対話のために活用する場合は、消耗品だと割り切ってしまうことも大切な判断です。

後で調べたい不明点は蛍光イエロー、重要だから読書ノートに転記したいと思ったことは蛍光ピンクなどと自分なりにルールをつくり色分けしてマークするのもよいでしょう。そして、思いついたことはどんどん書き込んでいきます。わからないことがあれば、何がわからないのか、なるべく言葉にしてメモしていくことが大切です。

図書館から借りた本については、当然書き込みができません。でも、多数の本を借りだしてもお小遣いがなくなるなどということもありません。繰り返し読む本は購入する、調べ物で比べながら読む必要があるなどの場合は図書館から借りる、というかたちで意識して使い分けることが大切です。

## 読書ノートのつくり方

ぼくは中学生くらいのころから大学ノートに読書メモを取っていました。読書ノートの効用は、まず本の内容をより深く理解できること、そして自分の読書歴を記録できることです。ここでは自分がいろいろとやってみておすすめの方法を紹介するので、お子さんと一緒に読書スタイルに即した最適なやり方を考えてみてください。

まず、ごく普通のノートを一冊用意します。ノートは時系列、つまり時間にそって並べていったほうが自分の記憶に照らし合わせるときに便利です。ノートの表紙には、使い始めた日付を書き入れます。当初はとりあえず読む本一冊に対し、ノート一ページ、ないし見開き二ページくらいのつもりで始めましょう。たいていの場合は、B5のノートで二ページあれば、大切な内容を要約し、自分の考えをメモしておくのに十分です。

本を読み進めるとき、傍らにこのノートとペンを置き、次のことを書き込んでいきます。①書誌情報・読み始めた日付、②疑問点とそれを調べた結果、③要約、④感想・読み終わった日付。

①書誌情報・読み始めた日付

まずは何を読んだか記録します。最後まで読むか読まないかは別として、買ったり借りたりして少しでも読みかじった本についてはすべて記録するようにします。

ノートのその本のページの見出しにはまず、本のタイトルと著者の名前を記します。出版年、版数、出版社名、シリーズものであれば、シリーズ名、翻訳書の場合は訳者の名前も記します。

本はタイトルと誰が書いたかがわかればいいと思うかもしれませんが、それ以外の情報もあとあと役に立つことが多いので記録しておきましょう。出版年や版数は、著者が執筆していた時代背景について推測する手がかりになります。古典の場合は原典の発行の年も書いておきます。翻訳ものは、訳者名も。同じ原典でも、訳者によってずいぶん文体や解釈が違うことがあるからです。また、読書の経験を積んでいくと、どの出版社のどのシリーズとして刊行されたかを知ることで、その本が誰に向けて書かれたかを把握することもできるようになります。

②疑問点とそれを調べた結果

わからない言葉や、本文中で説明が不十分だと思われる箇所があったら、その箇所を引き写しておき、調べた情報を要約し、補足として読書ノートに記します。この補足的調査はネットを使ってもかまいませんし、当然ながら図書館に出かけて調べてもいいでしょう。こうした作業はすぐにできない場合がほとんどでしょうから、後で調べられるように疑問点とページ数だけ抜き出して「？」を記して余白を残しておいたり、あるいは色を決めて蛍光ペンで線を引くなどしておきましょう。

③要約

これは、慣れるまでは簡単にできないかもしれませんが、とにかくやってみます。著者の主張がどのように展開されているか、その都度考えながら読んでいく必要があることに気づきます。どうしても難しければ、目次や見出し、考えがまとめて書かれている部分を書き写すのもよい方法です。著者がどんなふうに論理を構成したか、明快に追体験することができるからです。引用する場合には、ページ数も記録しておきましょう。

④感想・読み終わった日付

そのときの率直な感想を書きつけておきましょう。もしも難しすぎたりつまらなかったりして最後まで読めなかったとしても、どこが難しかったとかつまらなくて挫折したかを記録しておくと、再読するときに役立ちます。

読書ノートに書誌情報や、特に印象に残った箇所や疑問点をしっかり書きつけておく習慣は、読書感想文を書くときや、のちのち大学生になってレポートや論文を書くようになったときにも役立ちます。

特に、自分の論を展開する際、着想を書物や論文、インターネットなどから借りたときには、自分のオリジナルのアイデアではないことを示すために、きちんと出典を示して「引用」だとわかるように書く必要があります。そのときに、「あのアイデアはどの本のどのあたりに書いてあったかな?」と思って自分の記憶だけを頼りに探すのは大変です。そんなときにも読書ノートにしっかりと書誌データや引用箇所のページ数を記録しておけば、ずいぶん手間が省けます。

最近、「コピペ論文」などといって、インターネットのあちこちから適当な文を引っ張ってきてつなぎ合わせ、あたかも自分がゼロから考えて書いたかのような顔をしている学生が増えたと問題になっていますが、いうまでもなく、きちんとした引用の手続きを踏まないで他人のアイデアを盗むことは犯罪行為です。[*4] このことは小学生のうちから知っておいてほしいと思います。

本格的に読書の習慣が身について、深く考えたくなったら、あるいはそういう本に出会ったら、思う存分本と対話するために、その本一冊にノート一冊を割りあててもよいでしょう。その場合、あらかじめ一章につき何ページなどと章ごとに分量を決めてしまって、要約や疑問点を書きこんでいくようにすると、何度も読み返す際に使いやすいと思います。

後で更新することも考えれば、読書ノートをコンピューターで記録するほうが合理的かもしれません。実は、ぼく自身もある程度読書ノートに慣れてからは、コンピューターで作成・管理するようになりました。デジタル化により検索が一瞬でできるため、期せずしてのちのち研究者になってから非常に役立ちました。

本章の冒頭で述べたように、基本的に思考の練習途上では、手を動かしてアナログでつけるほうがよいと思います。しかし、すでにコンピューターやスマホを使いこなすのが当たり前になった世代にとって、デジタルで管理したほうが記録するモチベーションが高まるというのならば、それを禁じる理由はありません。

## 批判的に読む

読書ノートをつけながら読むということは、著者と対話しながら本を読むということです。それは、著者の主張を鵜呑《うの》みにするのではなく、批判的に読むトレーニングにもなります。ここで本を読むときの姿勢について、日本の典型的な受験国語のスタイルと、イェールでの教養教育を比べてみましょう。

ぼくが受験勉強の弊害のひとつとして憂慮するのが、国語や英語の読解問題において、常に「著者の主張を正しく読み取る」訓練をさせられることです。主張を正しく読み取ること自体には問題がありませんが、「著者の主張に同化してしか読み取ることを許されていない」という状況に問題があります。

正解か誤答かをはっきりさせなければならない入試問題では、受験生は、「著者は一〇〇パーセント正しい」と仮定して読むことが求められます。意味がわからない、もしくは主張が誤っていると思う場合にも、著者の問題でなく、自分の読みが浅い、誤読していると疑ってかかるクセがつきます。[*5] こうした読み方ばかりしていると、学問にとって必須の、健全な批判精神が育ちません。

一方、本は著者の考えに誤りが含まれる可能性があることを前提に読んでいくことも可能です。これを「批判的に読む」といいます。批判的に読むときには、自分の知識や印象だけに頼らず、今読んでいる本以外にも資料にあたったりしながら読むことが有効です。例えば引用されている文献にあたって、引用が正確かつ適切になされているか点検したり、学術用語の意味を確認しながら読み進めるやり方です。これを難しい言葉でいうと「外部参照」といいます。

外部参照は、複数の書物を比較しながら読み込んだりするときにも必要な作業です。特に古典を読むときには、その著作の後世への影響や現代への示唆を考えたりすることが多くなりますので、必然的に外部参照がつきものです。

実はイェールでの授業は、英文学でも政治学でも、外部参照を行いつつ、古典的著作を批判的に読み込み、議論するスタイルが中心です。外部参照を行いながら批判的に読むトレーニングは、のちのち研究論文を書いたり、実務で交渉にあたったりする際に必要なスキルを養うのにも役立ちます。

反面、日本での授業スタイルは外部参照せずに同化読みさせることが多いため、どうしても一方通行の講義スタイルになってしまいがちです。

入試問題で引用される本には名作も多いので、受験勉強を通じてそうした作品にふれること自体は喜ばしいことだと思います。でも、入試問題で読めるのはあくまで断片にすぎません。せっかくいいテキストでも、問題を出すのに都合のいいところだけ切り取られて、しかも批判的な読み方を許さない状況でしか読まれないのは、作品にとってもあまり幸せなこととは思えません。優れた著作は、常に批判的に読まれることを通して古典に育っていくからです。

## 読書感想文は「書評」のつもりで書く

生徒や保護者の方の話によれば、小中学生の夏休みの課題で、親子ともにもっとも苦痛な二大プロジェクトが自由研究と読書感想文だそうです。自由研究については第三章でふれた通りですが、読書感想文は、普段から読書ノートをつける習慣があれば、まったく怖くありません。

残念だなと思うのは、「読書感想文」というタイトルなので、多くの子どもが単純に「面白かった」「主人公がかわいそうだった」「勉強になった」などと本当に「感想」だけを書けばいいと思っていることです。それだけだと当然一、二行で終わってしまいますから、四百字、八百字という字数を埋めるために後はえんえん、あらすじを書いていくという代物《しろもの》になってしまいがちです。ひどい場合にはカバーなどに書かれている紹介文をまる写しすることもあるようです（でも、そういうことがダメだと教わっていないから無理もないかもしれません）。

読書感想文は、研究者でいえば書評を書く作業に似ています。ぼくたちが育てたいのは「小さな研究者」ですから、これからは、「読書感想文」は、一種の「書評」だと心得ましょう。

まずは簡単に内容の要約です。その本が何について書いてあるか簡単に紹介します。次に、著者の主張について自分の解釈や評価を記します。最後はオプションですが、どんな人におすすめか、あるいはおすすめできないかをコメントします。これは、本と自分との対話の記録である読書ノートからは、一歩外に開かれた行動です。

読書ノートをつけることが習慣化すれば、読書に限らずゲームでもなんでも体験や結果を振り返り、それを言語化する習慣もついてきます。ひと握りの天才を除いて、努力によって優れた業績を挙げる人の多くは「メモ魔」です。おぼろげにイメージとしてとらえていることを明確に言語として記すこと、正確に表現する語彙や文法を獲得していくこと、さらにそれを習慣化していくことは、もっとも重要な言語運用能力のひとつだといえます。

注

＊1　原書は一九三九年初版。岩波文庫から原彬久による新訳版が出ている。

＊2　リース他『キャンベル生物学　原書9版』池内昌彦他監訳、二〇一三年、丸善出版。原著は一九八七年初版。

＊3　N・グレゴリー・マンキュー『マンキュー入門経済学　第二版』足立英之他訳、二〇一四年、東洋経済新報社。原著第六版（二〇一一年）に対応。

＊4　沼崎一郎「Academic Integrity（学問的な誠実さ）の話をしよう」二〇一四年、東北大学全学教育科目「言語表現の世界　社会科学レポート作成法」教材
http://www.academia.edu/6577383/Academic_Integrity_

＊5　高田明典『難解な本を読む技術』二〇〇九年、光文社新書、二五一二七ページ

# 第五章 「学問」として各教科を点検する

## 1　算数・数学

さて、これまで「問い、考え、表現する」ためのヒントをいろいろな側面から探ってきました。「小さな研究者」たちには、今日からでも、これまでの受け身で退屈な「学習」から、主体的に問いかける「学問」へと意識を切り替えてほしいと思います。昨日までと同じ教室で同じ教科書を使っていても、きっと昨日までとは違う景色が見えてくるはずです。「問い、考え、表現する」力を日々活用していくために、本章では今、日本の学校や塾で教えられている算数・数学、理科、社会科が、学問の最先端とどのようにつながっているのかを見ていきたいと思います。国語については、第三章で論理的な文章の書き方を、第四章ではテキストを批判的に読むことの大切さを、第六章で母語としての日本語への感受性を高めることについて書きましたので参考にしていただければ幸いです。

また、大学で教鞭を執った経験を持ち、なおかつ小中学生、高校生に日常的に指導する立場から、日本の教育の問題点についても、率直に記したいと思います。

## 形式の科学

まず手始めに算数、数学です。ぼくは数学そのものを探究するのではなく、数学を研究や実務で使ってきた立場から発言します。つまり、数学の世界で過去数百年にわたって蓄積されてきた成果を使う立場から、日本の算数や数学教育についてどう考えるか、中学、高校、大学入試での数学の使われ方についてどう思うかについて論じたいと思います。

数学とは「形式の科学」だといえます。これは第三章でふれたように「内部整合性」を追求する、すなわち議論の内部に矛盾がないかを考えるということですが、そのために証明手続きの作法を身につけたり、数や量の関係を抽象的に把握し、必要に応じて具体的に表現したりするための概念操作に親しんでおく必要があります。

科学者はもちろん、ぼくのような社会科学の研究者も、数学をよく使います。自らの専門分野に必要な統計分析手法を理解し、使いこなすためには、数学を学んでおかなければなりません。哲学でも、証明で使う演繹的な考え方は必要ですし、「自分は文系だから数学は苦手でもいい」と決めてかかっている子どもがいたら、それはちょっと違うと教えてあげてください。

## 横行するローカル・ルール

日本の学校教育課程では、科目の名称として小学校段階では算数、中学校以上は数学を使用しています。算数は小学校段階で四則演算を身につけるための教育という側面と、中学校以降で学ぶ数学への導入という側面があるようです。ただ、近隣諸国で日本の算数に相当する科目を「小学校数学」と呼んでいるところを見ると、算数と数学を用語として区別する必然性はなさそうです。

第一章でふれた国際学力比較テストの結果からもわかるように、日本の算数教育は、基礎的な四則演算を正確に行う能力を身につけたり、図形に関する直観や、文章から推論を行う能力を身につけるうえで一定の成果を上げているようです。このこと自体は素晴らしいことです。

しかし、数学的な概念や証明手続きそのものとは無関係なローカル・ルールが日本の算数教育界にはびこっていることには大きな違和感を覚えます。しかもそのローカル・ルールは、生徒の数学の理解を促進するためというよりは、むしろ教える側、採点する側の都合で設定されているように思われることが多いのです。それが結果的に多くの算数・数学嫌いを生んでいるのではないかと危惧します。[*1]

一つの例として、掛け算の順番問題があります。日本の数学教育の現場では、掛け算の順番を入れ換えるとバツにされてしまうことがあるようです。「あめを9こ買いました。あめは1こ8円です。ぜんぶでなん円ですか」という文章題に対して、答えは同じ72ですが、式は8×9と書くよう指導され、9×8と答えた小学生は、自分が間違えたと思い込んでしまいます（写真）。小学校二年生で掛け算を習うとき、交換法則として習う公理が、その応用を問う文章題では、否定されてしまうというのは理不尽です。[*2]

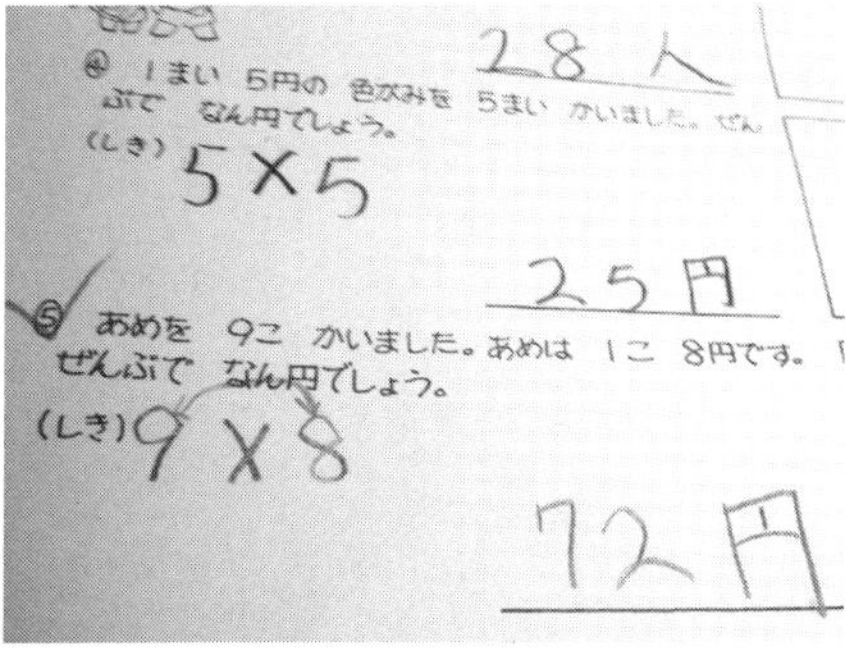

8×9=9×8という交換法則があるのに……。

また、中学受験をめぐっても、深刻な問題があります。それは「つるかめ算」などのいわゆる特殊算に代表されるもので、数学を学べば簡単に解ける問題を、わざわざ回りくどい解き方で小学生に解かせていることです。

例えば、ある首都圏中高一貫校の中学入試において出題された問題に、一七五ページの囲みに示したようなものがあります。

　これはいわゆる「つるかめ算」といわれるものの応用版ですが、中学校以降の数学であれば連立方程式を三本立てて解くことになります。あるいは高校、大学以上で線形代数を学んだ後であれば、三行三列の行列から逆行列を求めて計算することもできます（囲み参照）。

　しかし、文部科学省が定めた指導要領では、小学校の算数に記号を使った式や連立方程式が含まれていないため、「小学校で履修した範囲の学力を問う」ことが建前の入試問題では、右のような方法で解くことは許されていません。よって、中学受験生は、非常に回りくどいやり方で解かなければなりません。「つるかめ算」は、ここで例にあげた学校だけでなく、入試選抜を行うほとんどの中学校で出題されています。

　中学校以上の数学で学ぶやり方では簡単に解けるのに、なぜここまで複雑な解き方をさせるのでしょうか？　もしかしたら忍耐力を試しているのかもしれませんが、それにしては試験の時間が限られています（なので、受験生は出題に対応した解法のパターンを暗記するはめになります）。おそらくは、方程式を使わないやり方がいかに困難かを周知させる以外の目的では、このような解き方を強いることに意味はないはずです。

　ぼくのように若干とはいえ数式を使って研究をしていた人間からみれば、数学は物事を

## つるかめ算の応用（つるかめカブトムシ算）

ピンク、白、緑のおだんごが下の図のように2個、3個、5個さしてある串があります。値段はそれぞれ、60円、80円、130円です。

串を何本か買って、全部のおだんごを数えたところ、ピンクが58個、白が51個、緑が40個ありました。それぞれの串を何本ずつ買いましたか。

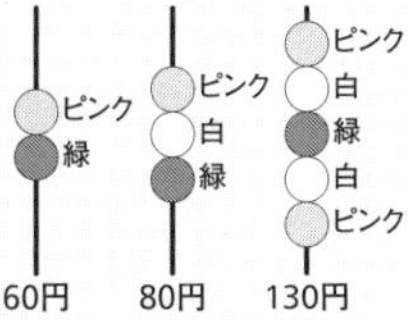


(雙葉中)

『出題頻度順問題集　文章題ランキング』(日能研、2009年 第11刷) p.61

●中学入試で許容されると考えられる解答

それぞれの種類の串で、緑色のだんごが1個ずつ刺してあることに着目する。

緑が40個あることは、3種類の串の数が合計で40本であることを示す。

130円の串には、ピンク、白も2個ずつ、80円の串にはピンクも白も1個ずつさしてある。どちらの種類にも、ピンクと白の数に差はない。従ってピンクが白より多い分は、60円の串にある。よって58−51=7は60円の串の本数である。

ピンクと緑を比べると、60円と80円のそれぞれの串に1個ずつある。

130円の串は1本あたり、ピンクが緑より1個多い。

従って　58−40=18は130円の串の本数である。

串の総本数から、60円、130円の串の本数を引けば80円の串の本数が求められる。

よって40−(7+18)=15が80円の串の本数である。

●中学で習う連立方程式を使うと…

60円、80円、130円の本数を$(x,y,z)$とする。

$$\begin{cases} x+y+2z=58 & (1) \\ \quad\ \ y+2z=51 & (2) \\ x+y+\ z=40 & (3) \end{cases}$$

式(2)より　$y=51-2z$　　(4)

式(1)および(4)より

$x+(51-2z)+2z=x+51=58$

よって$x=7$

式(3)より　$7+(51-2z)+z=40$

よって$z=18$

式(1)および(4)より

$y=51-36=15$

●高校・大学で習う線形代数を使うと…

$$\begin{bmatrix}1&1&2\\0&1&2\\1&1&1\end{bmatrix}\begin{bmatrix}x\\y\\z\end{bmatrix}=\begin{bmatrix}58\\51\\40\end{bmatrix}$$

逆行列を求め、掛け合わせると

$$\begin{bmatrix}x\\y\\z\end{bmatrix}=\begin{bmatrix}1&1&2\\0&1&2\\1&1&1\end{bmatrix}^{-1}\begin{bmatrix}58\\51\\40\end{bmatrix}$$

$$=\begin{bmatrix}1&-1&0\\-2&1&2\\1&0&-1\end{bmatrix}\begin{bmatrix}58\\51\\40\end{bmatrix}=\begin{bmatrix}7\\15\\18\end{bmatrix}$$

※この他、掃き出し法、クラーメルの公式などさまざまな解法があります。

簡潔に記述、分析するために使うものです。逆に中学入試では、簡単な問題をわざと複雑にすることが横行しています。数学の美しさをわざわざ否定し、する必要のない苦労を子どもにさせるような教え方には、まったく納得がいきませんね。

## 今すぐ改めたい「頭脳の減反政策」

中学受験について一般的にいわれることで、「親が算数の問題を手伝うと数学的に解いてしまうのでよくない」というのがあります。これに対してぼくは「中学受験を商売にしている業界関係者だったら当然言いそう」のひとことをプレゼントしたいと思います。指導要領によって、特定の学年で学んでよい範囲が指定されてしまうと、こうした「いびつな解法ゲーム」のようなことが往々にして起こります。

いってみれば、「頭脳の減反」を強いられている状況です。減反とは、コメの供給過剰を緩和することを目的とした需給調整政策を指します。コメ農家が耕作できる面積を制限することで、コメの値段をつり上げることが長年行われてきました。同様に算数では、学ぶ範囲を限定することで、「簡単な問題」を不必要に難しく考えることが奨励されてしまうという、おかしな事態が発生します。入試問題を通じて、「簡単な問題」の価値をつり上げ続ける行為が横行するわけで、これは減反政策が抱えていた矛盾そのものです。伸びたい、もっときれいに解きたいと思う子がいるなら、つまらないローカル・ルールを課さず、本来数学の持っている美しさを見せてあげるのが大人の役割ではないでしょうか。

算数でも一応文字式もどきの□や△を使う場合があるようですが、なぜこのような記号でごまかす必要があるのでしょうか。受験を考えずに素直に数学的に考えるなら、文章題は方程式の文脈で扱い、仕事算、旅人算、通過算、何とか算という不必要な類型化を通過しないことが無理のない学び方だと思います。

残念ながら「頭脳の減反問題」は、高校レベルでも起こります。米国では学校での勉強がもの足りない、進んだ数学を学びたいという生徒がいる場合には、地域の大学や短大で授業を受けることが認められます。高校生のうちに、微分方程式や多変数関数の微積分を学び、卒業に必要な単位とすることもできます。ところが日本では、あくまで高校生の学ぶ範囲でだけ学ぶことを強いられます。大学入試はその範囲のなかで難問をひねり出すゲームになり、受験生はこのゲームに参加することになります。

なぜぼくが自分の専門分野でもない算数や数学についてこのような発言をしているかといえば、これからの時代に必要な知識として、数理的思考力の持つ重要性はますます増大していくと思うからです。研究や実務の最先端では数学の知識、もしくは数学に基づいた発想がますます重要になってきています。例えば金融は応用数学なしには成立しません。

生物学でも遺伝情報の解析に統計学の知識が不可欠で、統計学を学ぶためには線形代数や微積分、さらに解析学の知識が不可欠です。

さらに、日本の高等教育機関に世界各国から留学生が集まった場合を考えてください。日本独自のローカル・ルールを留学生相手に押しつけることに、一体どんな意味があるでしょう?

## 「苦手」と思い込まないで

ぼくがここでもっとも強調したいのは、中学入試の算数の問題は、そもそも「いびつな解法ゲーム」であり、数学の美しさ、楽しさとは違うものなので、それができなくても自信をなくさないでほしいということです。小学生のときに中学入試の問題がわからなくても、中学校で数学を学び、記号を操作することで急にわかるということも大いにあります。「はじめに」で述べたように、ぼくは小学生のときに算数でつまずきましたが、それでも研究者として必要な数学を学んでいくところまで立て直すことができました。たとえ算数が原因で中学入試が不本意な結果に終わったとしても、諦めずに時間をかけてしっかり学んで理解することが大切なのだと思います。また地方の小学生で、そもそも中学受験という選択肢がない場合でも、いたずらに文章題に時間をかけず、さっさと中学生範囲の数学を独習することをおすすめします。

保護者の方には、日本の算数・数学の問題や採点法が、そもそもここで述べたような問題を抱えているということを知っていただき、「先生や塾がいう通りに」解けない子どもを責めないであげてほしいということを、強くお願いしたいと思います。受験科目として算数・数学が不得意だったという理由だけで、その後の人生で数学を学ぶことを放棄してしまうと、結局は新しい時代に必要な思考力が育ちません。ぼく自身、イェールで学部生向けの数学の授業を取りましたが、数学を学ぶスタイルとして大切なことは、過去問のパターンを暗記することではなく、概念の定義や、定理の証明について深く理解することです。

## 2　理科（自然科学）

### 能力不足より「問いかけ不足」

第三章で述べたように、理科は、自然界にはたらく法則性を理解するための学問です。

日本の理科教育は、さまざまな形で成果を上げているといえます。ノーベル賞受賞者数もその一つの指標です。他方で、研究の現場から見ると、日本の理科教育は「問いかけ不足」に思われます。科学的思考を鍛えるよりも、学説として定着した知識を覚えることに教育の主眼が置かれすぎなのではないでしょうか。

近隣諸国をはじめとする新興勢力の追い上げもあり、日本が科学技術立国として世界に冠たる地位を維持できるかどうかは心もとない状況です。しかも成人の科学リテラシーは国際比較で見ても必ずしも高いとはいえません。理科教育が専門の左巻健男《さまきたけお》法政大学教職課程センター教授は、学校の理科教育を受けた結果、大人になってからも科学を学びたいという意欲を持てずにいるのではないかと問題提起しています。[*3]

## もっと数学を活用せよ！

数学が論理と証明の手続きをテコに推論していくのに対して、理科は自然界に成り立つ法則性を説明しようとする点で、算数や数学とは学ぶ目的が異なります。第三章で説明した、「外部整合性」の問題ですね。しかし、だからこそ理科は、たとえそれが小学生、中学生の範囲であっても、算数・数学で学んだ道具を応用する意味のある分野です。論理的思考の説得性を、外の未知なる世界を説明するときの武器に活用するのです。

先ほど数学のところで指摘した「頭脳の減反」問題は、高校での理科教育についてもあてはまるようです。大学入試レベルでもそうなのですが、理科と数学がまったく別々の教科として教えられる結果、現象の背後にある数学的構造を深く理解することなく、公式を丸暗記するような勉強が続いてしまうのです。

例えば高校範囲の物理学で取り上げられる力学では、公式の暗記、適用が主たる作業になってしまっています。ひどい場合には単に語呂合わせで公式を覚えて終わりということもあるようです。

微分方程式をどこまで本格的に教えるかについては微妙な問題がいくつもありますが、例えば単振動を理解するためには最初から微分方程式を用いたほうが自然ですし、現象を単純に把握できるというのは、学んだ人ならすぐわかりますよね。微分方程式を持ち出さずとも、例えば距離を一回微分すれば速度になり、二回微分すれば加速度になるという教え方もせず、加速度を公式として覚えさせてしまうわけです。進んだ数学を理解し、これを適用すれば単純に解くことができる問題を、わざわざ迂回するような解き方を強いられてしまうのが、中学受験から共通するローカル・ルールの問題の一つです。

でも、がっかりするのは早計です。もしお子さんに学ぶ意欲さえあれば、「コーセラ」（Coursera）や「カーンアカデミー」[*4]（Khan Academy）など、オンラインの学習支援キットもあるので、その存在を教えてあげてください。独学でも、学ぶ子は学びます。専門的なことはコンピュータの向こうにいる先生が教えてくれるので、こうした学習機会があるということ自体を知らせるのが身近にいる保護者のできることではないかと思います。

理科についてはぼくは専門ではありませんので、科学に興味を持つ子どもたちに研究の最前線がどのようなものか少しでも伝わればと、イェールで活躍するふたりの科学者にインタビューしました。地球物理学を専門とする是永《これなが》淳さんと生物学を専門とする富田進さんです。巻末に収載したので、あわせてご覧ください。

## 3　社会科（社会科学）

### 歴史は、なぜ「史実」になったのか

さて、最後にぼくの研究者としての専門分野である社会科について考えます。

受験勉強についての本を見ると、やはりいまだに社会科は暗記科目のチャンピオンとし

て捉えられているようです。近年実際に出題された中学入試、高校入試、大学入試の問題をそれぞれ詳しく見てみると、与えられた情報から推論を行う思考力や、国語の読解力、統計データの読み取りを総合的に問うものも多く、必ずしも単純なクイズ形式になっているとはいえません。入試問題を作成する側も、ペーパーテストという制約を前提にしながらも、相当の工夫をしていることが伝わってきます。

しかし、例えば歴史ひとつをとっても、基本的には、生徒はひたすら「史実」と目される情報を覚え込む態度を強いられます。ぼくが普段指導している生徒と、歴史や政治について議論するなかで危なっかしく思うのは、彼らが教科書に書いてあることを事実として頭から受け入れる姿勢でしか考えないことです。

学校で学ぶ「歴史」と、現代の生きた社会科学から見た「歴史分析」との間には、大きな違いがあります。現代社会科学は、それが政治学であろうと経済学であろうと、因果関係の分析を主たる関心としています。「どうしてこうなったのか?」ということを追究するのです。また、そうすることが可能な場合には、一般的に成立する法則性を理解することを重要な研究課題としています。

例えば国際政治学では、第二次世界大戦後ずっと、「どうして戦争が起こるのか」を問い続けてきました。一九九〇年代にはさまざまな知見により、「長い歴史を見てみれば民主主義国家同士の戦争は圧倒的に少ない」[*5]「民主主義国家とそうでない国家が戦争をした場合、民主国家のほうが勝つことが多い」[*6]などの法則性がわかってきました。

第三章で見たように、現代社会科学の論考に共通するのは、複雑な社会現象について、時代や地理的空間を超えて成立する法則性を見つけ、仮説を立てて論証しようとする試みだということなのです。

## もはや文系・理系の垣根はない

現代の研究者が、社会に照らし合わせて「歴史から何が学べるか」というテーマに果敢に挑んでいる一方で、学校教育における歴史の教え方を見る限り、やはり時系列で出来事をたどっていくことに終始している印象を受けます。

ぼくが高校生のころのことですが、「歴史に if（もしも）は禁物で、起こった出来事をそのまま受け入れる態度が必要だ」と教わりました。たしかに、「もしも第二次世界大戦が起こらなかったら」「もしも坂本龍馬が近江屋で暗殺されなければ」など、「たら・れば」で歴史を考え始めれば、勝手な想像ばかりが膨らんで、きりがなくなります。

一方で、因果関係を考える作業は、一定の約束を守り、検証手続きを踏みながら、積極的に if を考える作業ともいえます。因果関係を考えるためには、原因となる現象が発生した場合と、発生しなかった場合を、条件をそろえて比較する必要があります。この比較は、特に社会科学においては簡単ではありませんが、「難しい」という理由だけで、考えること自体を放棄してしまうのは残念です。

社会は複数の個人からできているわけですが、さかさまから見れば、社会をつくっている個人の行動や価値観の解明も、社会科学者が積極的に取り組んでいる分野の一つです。「行動経済学」という、「人はどんなときにモノを買ったり買わなかったりするのか」というようなことを研究する分野もあるように、すでに経済学と心理学や脳科学のコラボレーションは当たり前のものになってきました。そのような意味でも、社会科はもはや、知識を覚え込むだけの学問ではなくなりつつあります。

## 日本型教育と現実的に付き合う

さて、ここまで日本の教育課程では、小学校、中学校、高校、大学と段階別に学ぶ内容がブツ切りにされがちであることを指摘しました。

一方、米国の教育にもさまざまな問題があります。国際比較調査を見る限り、基礎学力の養成は不十分ですし、そもそも教育機会と所得格差の連関など、根深い問題が多々あります。しかし一点だけ日本の教育に比べて明確に優れていると思うことは、社会科や理科について大学と高校で同じ教科書を使うことが多い点です。つまり、学年を問わず、学問としての連続性と一体性が保たれているということです。

日本での教育のあり方を冷静に分析してみると、中学受験に成功したことで次のステップに円滑につながるかといえば、率直にいって疑問です。受験勉強はそれとわりきって効率的、計画的にこなす一方で教養や学問の意味を大人がきちんと教えれば大丈夫でしょうが、そうでないと、かえって受験対策のスタイルが染み付いてしまって後で苦労する可能性も否定できません。

ここまで、日本の教育に対して「自ら問い学ぶ気持ちを育てにくい」と指摘し、またその最大の原因は、教育の場が受験準備に過剰に適応してしまったからだと批判的に論じてきました。しかし日本の教育にも、他国に比べて明らかに優れている点が多々あります。

まずどの学校に行っても立派な体育施設がここまで整備されている国は日本以外では考えられません。米国では、プールや体育館のない公立小学校が珍しくありません。技術家庭の授業を通じ、裁縫や料理、木工など、生きていくうえで必要なスキルを習得できるのは、日本の教育の強さです。教育改革をめぐる有識者たちの表面的な議論とは対照的に、日本の教育現場は、子どもたちの生きる力を十分すぎるぐらい大切に考え、伸ばすことに努めています。

受験についても、見方さえ変えれば、「一気に大逆転」というシナリオも描けます。受験勉強をスタートするまでの間は、自由に問うて学ぶ時間を十分にとるという考え方もあります。受験するしないにかかわらず、結局は本人の学ぶ意欲と努力、工夫にかなうものはありません。保護者としては、いたずらに周囲に流されず、子どもの興味と意欲がどこに向かっているかを注意深く観察して、それを伸ばせるようにサポートしてあげましょう。中学受験をするかしないか、志望校をどこにするかといった選択においても、親子ともに納得して決めることがもっとも重要です。

「ビリギャル」、つまり学年ビリの高校生が一年間猛勉強して有名大学に合格した話を紹介したベストセラーがあります[*7]。同書が多くの読者の支持を受けたのは、必ずしも早期からねっしんに勉強してこなかった生徒でも、短期間でやり直しが効くという希望を与えてくれたからでしょう。

逆に、幼少期からお受験、中学受験という競争に参加してきたとしても、またどのようなかたちであれ、希望する大学への入学に成功したとしても、学んで問いかける意味について学ぶことがなかったら、どんなにお金と時間をかけても、その投資が無駄になってしまうことをも示しているといえます。

より深刻なのは、そもそも受験のために学校の授業が軽視されかねない現状です。そしてその学校が基準としている指導要領も「頭脳の減反」を強いかねないという現実があります。伸びたい、学びたいという気持ちや潜在的な可能性を、いかにつぶさないで育てることができるか、ぼくも教育に携わる当事者として、考え続けたいと思います。

注

＊1　国際数学・理科教育動向調査（TIMSS）によれば、日本の小学四年生、中学二年生で数学や理科の好きな子どもの割合は、同時期に行われた他国の調査よりもかなり低いことがわかっている。国立教育政策研究所による研究レポートは次のウェブサイトを参照。http://www.nier.go.jp/timss/2011/index.html

＊2　黒木玄「かけ算の式の順序にこだわってバツを付ける教え方は止めるべきである」http://www.math.tohoku.ac.jp/~kuroki/LaTeX/20101123Kakezan.html、二〇一三年一月二六日

＊3　左巻健男「理科好きの子どもを育てる――魅力ある理科教育のための提言」『日本教育』二〇一二年一二月号、日本教育会

＊4　http://sundayresearch.eu/hitoshi/sundayresearch/khanacademy_japanese/（一部日本語訳あり）。「コーセラ」については五〇ページの注を参照。

＊5　ブルース・ラセット『パクス・デモクラティア――冷戦後世界への原理』鴨武彦訳、一九九六

年、岩波書店。原著は一九九三年初版。

＊6 Lake, David. (1992) "Powerful Pacifists: Democratic States and War" *American Political Science Review*, 86 (1), pp.24-37.

＊7 坪田信貴『学年ビリのギャルが1年で偏差値を40上げて慶應大学に現役合格した話』二〇一三年、アスキー・メディアワークス

# 第六章　英語を学ぶときに覚えておいてほしいこと

## 1　何のために英語を勉強するのか

　ここまで、学問の意味や作法について、十代のうちから理解し身につけておいてほしいこと、そのために保護者の方に知っておいていただきたいことやサポートしていただきたいことを述べてきました。最終章となる本章では、これから世界の人たちと一緒に学び、働くことになるだろう日本の子どもたちのために、英語を習得する際に気をつけるべきポイントについてお話ししておきたいと思います。より一般的な英語勉強法のハウツーについては、拙著『世界の非ネイティブエリートがやっている英語勉強法』（中経出版）を参照していただければと思います。

　子どもに外国語を学ばせる際にまず意識していただきたいのは、大多数の子は母語の能力がまだ不完全だということです。だからといって先に母語を学ばなければならないと主張したいわけではありません。子どもの置かれた環境、目指す方向性や個性や関心に応じて、母語の能力も外国語の能力も同時に伸ばしていけばよいのです。

## まずは「英語を話したい」という気持ちが大事

「グローバル人材」政策の影響なのか、将来、英語を話せると就職に有利だからという理由で子どもに英語を習わせる親が増えてきました。しかし、子どもにとって、就職はかなり遠い目標です。英語を駆使している自分を具体的にイメージすることができず、モチベーションが上がらない子どもも大勢います。英語が面白そう、英語がわかること自体が楽しいという経験がまず大切です。

ぼくが英語に興味を持ったのは、幼いころNHK教育テレビ（今のEテレ）で放送されていた『セサミストリート』がきっかけです。家ではいつも祖母がテレビをつけっぱなしにして編み物をしていたのですが、人形たちが話す何が何だかさっぱりわからない音声の連続に、好奇心を惹かれました。祖母は尋常小学校を出ただけで英語はまったく話せないのですが、ビッグ・バードやエルモの物まねをして孫の歓心を買っていました。この物まねが、いまやリスニングとスピーキングの学習法として定着している「シャドーイング」に相当するものだと知るのは、二〇年くらい後のことです。

それはさておき、自分が後に英語を本格的に学ぼうと思ったきっかけはやはり、オリジナルに近い情報を自分で理解したいという願望からです。小学校高学年くらいから、ラジオの短波放送を聞くのが趣味になりました。世界各国の放送局のうち、日本語で放送をしている国は二〇ヶ国でした。イギリスBBCの日本語放送は当時一日に二回だけ。英語さえわかれば、二四時間世界地図をほぼ網羅するかたちで最新のニュースに接することができるのに、と思いました。

しだいに、ぼくは報道特派員として世界中を渡り歩くという夢を持つようになりました。ちょうど自分たちの編集していた学校新聞が全国コンクールで二位、文部大臣賞を受賞したこともあり、ジャーナリストになろうと思っていたのです。夜のNHKニュースで通訳を交えずにインタビューするニュースキャスターを見ながら、英語がわからないと仕事にならないであろうことも容易に想像できました。中学で英語の授業が始まると、これだけは真剣に学ぼうと思ったものです。

今に比べると勉強に役立つ携帯端末はまったくなく、音声教材も不十分な時代でした。そんななかで、短波で英語放送を聞いたり、何かと理由を見つけてはホームステイに来ている留学生と話す機会をつくったりしながら、貪欲《どんよく》に英語を学んでいたことを思い出します。今では学校にネイティブ・スピーカーの英語教員が常駐することも珍しくありませんが、ぼくが中学生だったころは、ネイティブと接する機会は滅多にありませんでした。当時山形県にただひとりの指導員として着任されていたのが、今はテレビ・タレントとして活躍しているダニエル・カールさん。当時から地元では超有名人でしたが、残念ながらぼくの在学中にカールさんの授業を受けるチャンスは回ってきませんでした。

学ぶ方法を吟味したり、学ぶ時間を確保することも大切ですが、何よりも重要なのは学ぶモチベーションを維持することです。応用言語学での研究成果で明らかになったのは、結局は学習者の意欲が高くない場合、どんなに工夫した指導方法をとっても無駄に終わるということです。

ちなみに後にイェール大学に入学することになった日本人学生にどんな子ども時代を過ごしたか聞いてみたところ、一〇歳のころにはアルファベットで自分の名前も書けなかったという例もありました。あまり早期教育を焦らないで、本人が興味を示すまでじっくり待つことも大事だと思います。

## どのレベルを目指すのか

最初に学び始める際に、最終的にどの程度の英語力を獲得することを目標にするのか、本人が納得して決めていく必要があります。「大学入試や就職試験に合格するため」だけの勉強をしていけば、当然ながら試験に合格するに足る能力しか身につきません。大人になってからパーティーでしゃれた会話をしたり、仕事や研究の内容を効果的にプレゼンテーションをするためには、受験英語を超えたさまざまな能力が要求されます。

　ぼくが英語を学び始める中学生に聞き取り調査をした印象では、英語の勉強をスタートさせる時点で、次の三つの目標のどれか、もしくはすべてを目標にする生徒が多いようです。

図6−1　英語学習の3つの目標

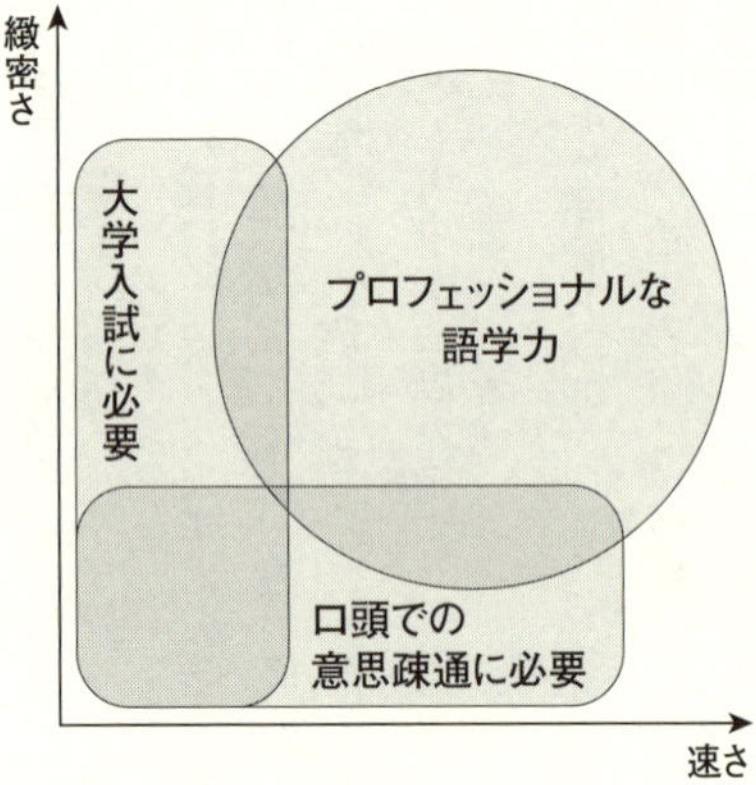


・口頭で意思疎通できることを目指す
・大学入試で高得点を目指す
・プロフェッショナルな実力を目指す

それぞれの目標を達成するために必要な能力を、英語を理解するスピード（速さ）と緻密さの二つの軸に分解してみれば次のようなことがいえるでしょう（図6−1）。

まず入試に必要な語学力とは、ゆっくり緻密《ちみつ》に理解する力です。大学入試の問題は、一部でリスニングが導入されているものの、口頭で表現する能力は十分なかたちで評価対象になっていません。一方、口頭で意思疎通するためには、緻密さは若干犠牲にしなければならないかもしれませんが、スピーディーに応答する力が必要になります。さらにビジネスや研究の現場で必要な実力は、緻密さもスピードも要求されるものになります。要は最初からプロフェッショナルな実力を獲得することを念頭にトレーニングを積めば、大学入試も日常的な意思疎通も問題なくこなせるということです。

それでは、緻密さもスピードも合わせて獲得するためには、どのような勉強法を取ればよいのでしょうか。

## 2 どんな方法で学ぶか

### 一〇歳は、文法学習の効果が上がり始める時期

実は一〇歳という年齢は、外国語習得を考えるうえでは非常に微妙な時期にあたります。

外国語の教授法には、二つの考え方があります。一つは、母語を習得するように外国語を習得する、経験に基づいたアプローチ。第二に、文法から演繹的に習得していく方法です。

前者、つまり母語を獲得するように外国語を学ぶ「イマージョン式」と呼ばれている学習法の効果は、低年齢の学習者ほど高いといわれています。これに対して、文法の学習を通じて外国語を身につけていく方法の効果が徐々に現れてくるのが一〇歳前後からです。ぼくは年齢臨界説を必ずしも支持しませんし、個人差もありますので、一〇歳を境に明確に差が出るといいたいわけではありませんが、経験的にいっても、後で述べる応用言語学の知見に照らしても、一〇歳以上になれば、徐々に文法を頭のなかで整理していくやり方が効果を持ち始めるようです。

## インターナショナル・スクールに通わせる前に

これまで、インターナショナル・スクールでの適応に失敗し、つらい思いをしている生徒や保護者に多数接してきました。むしろある程度の英語を日本の学校で学んで、高校生ぐらいで留学するなどのかたちでイマージョン式を取り入れるほうが、失敗するリスクが小さいようです。

これは、母語習得の過程と、それがいかに無駄が多くて大変な道のりであるかを考えればわかることです。ノーム・チョムスキー以来の言語学研究で明らかになったのは、人間にはあらかじめ「言語の種」があって、どんな言語であれ、言語のある環境で成長する条件さえ確保されれば、明確に教え込む作業をしなくても、言語を操る能力を獲得するということです。簡単にいえば、家族に囲まれて生活するなかで、自然に母語を操る能力を獲得していくということです。しかし、実際に自分の子どもをバイリンガル環境で育てて感じることですが、母語獲得の道のりは、中学生以降に外国語を学ぶときのようにコンパクトなものではありません。

英語を母語としない子どもを英語の環境に置くことは、本人にとって非常に大きなストレスになります。この状況に子どもたちを置くことで、勉強嫌いになってしまったり、抽象的に物事を考える習慣が失われたりしてしまうことは避けなければなりません。

言葉を学ぶ過程には莫大な無駄が伴います。母語を習得するプロセスにおいて、子どもは具体的な状況を目にするなかで、これに対応する音声を聴きながら育っています。大人が交わす会話を聴き取り、そしてこれと同時に行われる身振り手振りを見ています。見よう見まねといいますが、見たものを同じように繰り返すと同時に、音声を発話する、必要に応じて自分で語彙を入れ換えたりしながら発話する、これを繰り返していくのです。こうすることで、状況とこれに対応する表現のデータベースを身体のなかにインストールし、絶えずアップデートしていく、これが母語を習得する過程です。

そう考えると、外国語を学ぶ過程も母語と同じような方法をとればうまくいくというわけではないことが理解いただけると思います。例えば親子の会話が一〇〇パーセント日本語で行われる家庭で、授業が一〇〇パーセント英語で行われる学校に子どもを通わせることはいかなる効果をもたらすでしょうか？　インターナショナル・スクールでしっかり学ぶためには、子どもが学習でつまずいたときにフォローできる英語力を親が持っていること、もしくはチューターを雇う経済力があることが必須条件だといえます。そうでない場合には、子どもが英語環境のなかで学習につまずいたとき、立ち直ることができないリスクを背負ってしまいます。

## 「漢文読み」型学習では英語を話せるようにならない

インターナショナル・スクールなどイマージョン式教育への期待が高まったのは、従来型の英語教育で学んできた保護者が、期待していたほどの英語力に到達できなかったという挫折感の裏返しでもあったといえるでしょう。日本の英語教育は時代遅れだとの批判が根強く繰り広げられてきたのも事実です。

従来のように、文法を覚え、英文を逐一母語に翻訳して意味を理解する作業を繰り返す学習法は、一九世紀に米国の大学生がラテン語を必修科目として学んでいた時代の教授法とある意味共通しています。これは、単純化していうと言語を数学の方程式のように捉えるアプローチで、構文（方程式）のしかるべき位置に単語（数値）を入れれば、意味（答え）が発生するというような考え方です。その際、すべての単語を日本語に置き換えて文意をとろうとします。

この考え方に従えば、ひたすら文法と単語を覚えさえすれば、言語が習得できることになります。しかし、この方式で英語を学ぶ問題点は、二つあります。

第一に、日本語をいちいち介するために意味の把握に時間がかかり実用的でありません。

第二に、言葉の音声面を軽視するため、口頭での意思疎通を行う能力が育ちません。

日本では長らく同じようなアプローチで漢文を教えてきた経緯がありますので、こうしたやり方を自然に受け容れてきたのではないかと思います。しかし、漢文やラテン語など、もう古典のなかでしか見ない言語を学ぶならともかく、実際の対人コミュニケーションに使う生きた言語を学ぶ際、読解重視で音声を軽視することには大きな問題が伴います。

しかも、いかに時間をかけて緻密に文意を読解したつもりでも、音声と切り離す限り、正確に意味内容を理解していないことが多々あります。同じ文でも、言い方によってていねいで優しい気持ちが伝わってきたり、慇懃無礼《いんぎんぶれい》に聞こえたりするものです。

## 言語学の知見を活かして学ぶには

それでは、母語を身につける方法とも、一九世紀型言語学とも違う方法で、外国語を身につけるにはどうすればいいのでしょうか。

二〇世紀に発達した応用言語学に、そのヒントを求めることができます。それは、母語習得のメカニズムを参考にしつつ、すでに獲得した母語の理解力をテコに、効率的に言語を身につけていくという考え方です。*1

応用言語学は、主に外国語の習得過程について研究する学問で、第二次大戦後に世界的な覇権国として栄えた米国において特に発達しました。その背景には、押し寄せる移民に効果的に英語を教えると同時に、自国出身のエリートに海外の言語を効率的に身につけさせるという、実践的な必要性があったことは見逃せません。

応用言語学での「第二言語」(母語の次に学ぶ言語)習得法」研究のなかで最大公約数的にわかってきたのは、まず第一に低年齢の学習者は、言語の吸収が遅いという事実です。これは直観に反するかもしれませんが、実際に小学校低学年の児童に一年間でやっとこさ教えることができる語彙や文法事項でも、中学生なら数週間でマスターしてしまうことが可能です。第二に、低年齢の学習者ほど、音声を容易に吸収し、正確に再生する能力を獲得しやすいということです。

こうしたことから、本節冒頭でお話しした、一〇歳前後からは文法を理解してから読み書き聴き話す学習が効果的という説が今では支持されているのです。

ちなみに、保護者の方からよく受ける相談のひとつに、「英語を取るか、受験を取るか」というものがあります。幼児期から英語を学んでいたけれども中学受験をすると英語を続ける余裕がない。どちらをとれば子どものためになるかという悩みです。結論からいうと、幼児期に何年かかけて学んだことは半年程度で追いつくことができます。これまで述べてきたように、幼児期にナチュラルに身につけた発音を中学生から始めた子が同じように手に入れるには相当の工夫が要りますが、文法やボキャブラリーについてはそれほど出遅れを気にする必要はないと思います。

## 英語塾は必須か

ぼくは山形県の公立中学校に通いましたが、英語の授業は週三時間しかありませんでした。中学三年生が終わったときにようやく関係代名詞と現在完了形がわかる、そういうレベルの授業でした。ぼくは今、自分の塾で中学生相手に英語を教えていますが、現在完了形は最初の四ヶ月で終わらせてしまいます。関係代名詞は一年目のカリキュラムの後半で学ばせます。自分が中学校三年かけて学校で教わったことを、うちの生徒には大体九ヶ月くらいで教えています。

自分自身はこのように英語を速習していたわけではありませんでしたが、結果的には何とかなりました。英語の塾に行くという選択肢に恵まれない地域、時代でしたが、NHKの英語番組を片っ端から視聴したり、短波放送を聞いたり、洋画を見ながらリスニングを鍛えたりというやり方で独学しました。

英語塾を創業した自分が言うのも問題があるかもしれませんが、英語を身につけるうえで、塾は必ずしも必要ないと思います。どんな科目もそうですが、本人が強い意志を持っているなら、勉強はひとりでもできます。ただ、やはりライバルと競争したり、いろいろな意味で刺激を受けたいという意味で英語教室に通ったり、あるいはネイティブ・スピーカーと会話の演習をしたいなど、目的が明確であれば、それにふさわしい教室を選んで課題に取り組むといいでしょう。

## 3　一〇歳前後の学習法

### 腹式呼吸で発声

英語で話すための準備運動としてやっておいて損はないのが、呼吸法です。英語と日本語では、そもそも発声の仕組みが違います。母語としての日本語、外国語としての英語を問わず、まずは腹式呼吸ではっきりと発音する習慣を身につけることをおすすめしたいと思います。日本語は喉《のど》から声を出し、口の前面を少しずつ細かく動かす傾向にあります。一方で英語は、腹式呼吸で発生し、お腹から声を出し、顔全体を激しく動かしながら発音します。

日本人の英語が通じない原因のひとつは、声が小さいことです。母音、子音の発音をいくら矯正《きょうせい》しても、声が小さいことには聴き取ってもらえません。ですので、国語の教科書の音読、武道で気合いを入れるなど、どんな手段でも構いませんので、小さいうちから必要なときに元気よく声を出せる習慣をつけてほしいと思います。

なかでも音読はとても効果があります。いつも読んで聞かせてあげてきた絵本を、「今度はあなたが読んで聞かせてみて」と言えば、子どもはきっと得意げに披露してくれることでしょう。また百人一首を家族で楽しむなどは、日本語独特のリズムや音韻に親しむのにも最適です。

## 「てにをは」を使いこなす

子どもの話す日本語は、文ではなく単語の羅列になりがちです。特に動詞だけで主語や助詞を省略することがよくあります。助詞のなかでは、特に主格の「は」「が」をとばしてしまうことが多いようです。

例えば「ぼくは英語を勉強する」という文があったとします。助詞の「は」「を」を取り除くと、「ぼく」「英語」「勉強する」という三つの単語を順列組み合わせで並べ替えて、次の六通りの文ができあがります。

ぼく　英語　勉強する　／　ぼく　勉強する　英語
英語　ぼく　勉強する　／　英語　勉強する　ぼく
勉強する　ぼく　英語　／　勉強する　英語　ぼく

実際、このようにお子さんが話したとしても、何を言いたいかはわかりますね。ともすると日本語は単語を並べるだけでもある程度は意味が通じてしまう言語です。この感覚を

英語に持ち込むのは大変に危険です。なぜなら、

○ I study English. は正しい文ですが、

× English study I. とは言えないからです。

× I English study. とも言いません。

英語は、語順によって意味が決まります。The hunter is afraid of the bear. といえば、「その猟師は例のクマを怖れている」ですが、The bear is afraid of the hunter. だと「例のクマがその猟師を怖れている」ことになります。日本語のように「例のクマをその猟師が怖れている」とは言えません。ですので、助詞を使いこなす感覚が身についていないと、いざ英語の勉強が始まったときにわけがわからなくなってしまいます。

小学校も高学年になったら委員会活動などで人前で発表することも増えてくるでしょう。公式な場で自信を持って話せるようになるためにも、普段からできるだけ主語、助詞をきちんと入れた、文の形式で話すようにはたらきかけてあげてください。

## アルファベットを書き始めたら

最初に英語で習うのは、アルファベットの書き方と発音です。はじめてアルファベットを覚えるときには、「日本語に似ている音があっても、実際には違う音になっていることが

あるから注意しなさい」とひとこと注意を促してあげるとよいと思います。保護者が英語を話せなくても、ネイティブ・スピーカーの録音したCDなどを聴きながら、アルファベットをていねいに発音する練習を一緒にしてあげるだけでもかなり効果があります。

まずAを「エー」と伸ばすだけの発音はアウトです。途中で口のかたちが変わる重母音、どちらかといえば「エィ」に近い音です。Bを発音するときは、唇をきちんとはじき、口を「ありえないぐらい爽やかな笑顔」をつくるつもりで横に広げてください。輪ゴムをめいっぱい横に引っ張るイメージです。Cも、「赤ちゃんが寝てるから、シーッ」と言うときの「シー」にならないように気をつけて下さい。この「シー」は、she（彼女は）に対応します。アルファベットを読むときは、口臭予防ミントを口のなかに含んでスースーしたイメージで、口を思いっきり横に開いて「スィー」と発音します。この三つの音を発音してみるだけでも、英語と日本語の音が根本的に違うという事実に気づくことができます。（なお、ぼくの塾では英語の音をカタカナで書き写すことは慎むよう生徒に指導しています。ここではあくまで便宜的にカナ表記を用いました）。

アルファベットが一通り読めるようになったら、今度は「フォニックス」に挑戦しましょう。フォニックスは、単語のなかでそれぞれの文字を発音するときに、どのような読み方をするか、最大公約数的なパターーンを集めたものです。インターネットの動画サイトには、無料のフォニックス教材が多数アップロードされていますので、これを用いるのがおすすめです。理想的には、ネイティブの口もとの画像がセットになる教材を探し、鏡を見ながらまねさせるとよいでしょう。

これとは逆に、ローマ字から入ってしまうと、アルファベットと日本語の母音子音を結びつけて考えがちで、英語を学習するうえでかえって混乱することが多い印象があります。

**おすすめの英語絵本**

アルファベットが読み書きできるようになったら、英語の絵本を音読することをおすすめします。CDつきのものもたくさん市販されていますので、最初は音を聴きながらページをめくるだけでもかまいません。

おすすめは、繰り返しが多く、リズミカルな絵本です。ぼくのお気に入りは、エリック・カール（Eric Carle）とドクター・スース（Dr. Seuss）です。

エリック・カールの代表作といえば、『くまさん くまさん なに みてるの? *Brown Bear, Brown Bear, What Do You See?*』[*2]と『はらぺこあおむし *The Very Hungry Caterpillar*』[*3]です。幼いころに日本語で読んだことのある子どもなら、英語版で再び目にする感動もあるかもしれません。『くまさん くまさん』の原作はビル・マーティンで、エリック・

カールはイラストを担当しています。ビル・マーティンは教育者でもあり、言葉のリズムを活かした識字教育に力を注ぎました。カールとの共著となった『くまさん くまさん』は、色彩と動物を結びつけることで、幼児が意味を自然に認識していけるように構成されています。

エリック・カール絵本の原作を見ると、いずれも一冊の本につき一つの文法項目が繰り返し登場します。例えば『くまさん くまさん』ではBrown Bear, Brown Bear, What do you see? という問いかけに対して、"I see a red bird looking at me." というSVOCの文が繰り返されるパターンです。一定のパターンを反復ドリルすることで外国語を教える手法のことを「ミシガン・メソッド」といいますが、カールの絵本はそうした固い教授法のことを意識せずしてミシガン・メソッドを実践できるお得な教材です。

同じように『はらぺこあおむし』では過去形の単純な文が続きますし、『できるかな？——あたまからつまさきまで *From Head to Toe*』[*4]では、助動詞canがしつこいほど登場します。絵を見ながら自然に文法を身につけていくという意味では、エリック・カールの絵本をおすすめします。

もうひとり、日本ではエリック・カールほど知られていないかもしれませんが、ドクター・スースの絵本も取り上げておきたいと思います。彼の「ぞうのホートン」シリーズは邦訳されているので、知っている方も多いかもしれません。

「スース博士」ことセオドア・ガイゼル（一九〇四―一九九一）はドイツ系移民の子としてマサチューセッツに生まれました。広告のイラストレーターとしてキャリアを歩むなか、第二次大戦中は米軍の広報映画撮影などに従事しています。戦後、平和な世の中を構築するためには教育を普及させ、特に子どもたちの識字教育に力を入れなければならないとの問題意識から、一九五七年に『ぼうしをかぶった変なネコ *The Cat in the Hat*』[*5]を書きます。この本で使用された単語の数は二二五語のみで、物語はすべて韻を踏んだ文によって構成されていました。同書は全米で大好評となり、気をよくした出版社が五〇語のみで絵本を書くように依頼し、でき上がったのが『みどりいろのハムエッグ *Green Eggs and Ham*』[*6]です。

なぜこうした絵本にこだわるかといえば、アイビーリーグに進学してくる学生たちも、子ども時代はこうした作品を読んでいるからです。ある意味で、新しい古典として共有される知識を形成しているのです。米国のファースト・レイディであるミシェル・オバマは一九八五年にプリンストン大学を卒業していますが、その卒業式でスピーチをしたのはガイゼルでした。ガイゼルが登壇するや、プリンストンの卒業生一同が、『みどりいろのハムエッグ』冒頭の一節をみんなで朗々と諳《そら》んじて出迎えたそうです。名門プリンストンの学生たちも、三歳、四歳のころはこの本を読んで英語を覚えたということを示しています。[*7]

## 4 外国語を学ぶことの意味

### 英語至上主義からの脱却

さて、序章でふれた「グローバル人材」育成論議ですが、教育目標の筆頭に掲げられている「英語力強化」の内容を見るにつれ、英語で商談ができるとか、説得力のあるプレゼンができるとか、スキルを獲得することで得られる表面的な利益しか考えられていないのではないかという疑わしく思うようになりました。

本節では、自分が英語を学んできて、またイェールの教員として世界中の非ネイティブの学生たちと接した経験をふまえて、あらためて外国語を学ぶ意義について考えてみたいと思います。

イェールが教養教育を重視しているということはたびたび強調してきましたが、同校は外国語教育にも力を入れています。どのような専攻分野を選ぶ学生でも、一年間は外国語の授業を取らなければならない決まりになっています。これは、新しい言語を習得することによってさまざまな感受性が身につく、あるいは意識して身につけていくことが重要だと考えているからなのです。

使用言語というのは、ある共同体で通用しているルールのひとつであり、そこで標準語とされている言語自体に至上の価値があるわけではありません。度量衡《どりょうこう》にたとえて考えてみれば、いかなる社会もなんらかのかたちで基準となる単位を選択し、運用しているわけです。しかし、摂《セ》氏と華《カ》氏、センチとインチ、どちらを選ぶかを決めるうえで道義的な理由はまったく存在しません。度量衡や規格の統一は必要だけれども、例えば左側通行と右側通行のどちらが優れているかについては、明確な判断基準などないのです。

同じことが、国際語としての英語にもあてはまります。国際政治やビジネスの舞台で英語が意思伝達手段として使われているのは、英語が優れた意思伝達手段だと科学的に立証されているからでは決してありません。ただ単に、近代国際政治での諸国間の権力闘争の結果が、英語を中心とした現在の世界秩序をかたちづくっているにすぎないのだということです。

一方で、日本語のなかでの標準語と方言にも同じ関係があてはまります。日本が近代化していくなかで、東北地方の方言は戊辰戦争の敗者の言葉になりました。アメリカ南部の訛《なま》りが邦訳されるときに決まって東北弁になってしまいがちなのは、偶然ではありません。

言葉を学ぶということは、ただ単に文法や単語を覚え、技術として運用することを目指すだけでなく、こうした社会的な文脈を自覚的にまた批判的に受け容れていく過程なのです。

外国に出かけると、言葉が通じない不便さを感じることが多々あります。そんななかで意思疎通できたときに感動するのは、「相手の言うことがわかった、自分の言いたいことが伝わった」という、人間として生きている喜びのひとつを確認するからなのだと思います。

人間の知的創造力には大きな可能性がありますが、同時にひとりの人間がめぐらすことのできる想像力には限界もあります。自分が直接経験しなかった痛みや喜びには、人間は恐ろしく鈍感なものです。言葉を学び、知識を身につけることは、文化や空間を超えて共感することのできる感受性を養うことであってほしいと思います。

## 日本語を再認識する

日本人は幸いにして、母語を失った歴史的な経験がありません。逆に、海外からの刺激を柔軟に取り入れて日本語を発展させてきました。現代に生きる私たちは、ともすれば外国語を学ぶことを表面的に捉えてしまいがちです。しかし実際のところ、日本語を読んで書くということの意味は、外国語を学ぶことでこそより鮮明に再確認できるものなのではないでしょうか。
第二章でもふれた通り、ぼくはイェール大在職時代、家族そろって学生寮で暮らしていました。住み込み教員も三年目に差し掛かったころ、学生食堂で卒業記念パーティーが開かれました。当時の寮長は日本文学が専門のエドワース・ケイメンス教授。ケイメンス教授は卒業生へのはなむけとして、『古今和歌集』から次の和歌を朗詠しました。

世の中にたえて桜のなかりせば春の心はのどけからまし　在原業平

人はいさ心も知らずふるさとは花ぞ昔の香ににほひける　紀貫之

日本語のわからない学生たちにとって、いやいくばくかの日本語を学んだ学生にとっても、おそらくこれらの和歌は意味不明の音の連続として聞こえたはずです。しかし、ケイメンス教授が歌を詠みあげた後、予想外のことが起こりました。満場の割れんばかりの拍手が食堂に響きわたったのです。母語の垣根を越えて、純粋な言葉の美しさを共有できた感動の瞬間でした。

日本語を母語として育つと、英語力そのものが上達したとしても、どうしても日本語の影響から逃れることは困難です。同じように、アメリカで生まれ育った学生でも、出身地域や人種や社会階層によって、話す英語が少しずつ違います。

ぼくはイェール大学で大学院生活を送っているときに、他の非ネイティブの学生たちと一緒に「発音矯正」の授業を取りました。そうした授業で模範となるのは決まって、東部エスタブリッシュメントと呼ばれる政財界有力者が伝統的に話す英語だったりします。最近でこそ、むしろ訛りは自分らしさの証《あかし》だと考える人が多いようですが、それでも自分の話す英語を理解してもらおうと思うなら、ある程度は努力して「普通の英語」に近づけていく努力が必要になります。

通算するとアメリカで一四年ほど暮らしましたが、英語を使うときには常にもどかしさと格闘してきたといわざるをえません。考えてみれば、大学進学のために山形から上京したときにも、誰からも「訛り」を禁じられていないのに、自分から意識して標準語にスイッチしてきました。母語以外の言葉を覚えたり、使ったりする際には、伝わりやすさ、表現力という面で、常に葛藤があります。これからの子どもたちは、英語だけでなくさまざまな言葉にふれながら成長していくことでしょう。そんななかでも、いつも母語への感受性を忘れずにいてほしいと思います。

## 「英語を学ぶ」から「英語で考える」へ

自分自身が英語を学んでいた過程を振り返っても、英語そのものを勉強したうえで、英語「で」何かを学んでいたときこそ、英語力が飛躍的に向上したような気がします。

大学で自分が授業をしているときでも、今日はすらすらと英語が出てきたなと自信を持てるときは、決まって自分がよく知っている専門分野に関連する授業のときでした。

簡単な日常会話以上のレベルで自分の考えを伝えることが必要な場合、やはり武器になるのは自分の専門性であり、伝えたいことを伝わるように話す、論理構成力なのだなということを改めて認識したものです。裏返せば、伝えるべきメッセージを持ち合わせていなければ、母語であろうと外国語であろうと、相手を唸《うな》らせ、納得させるようなことはできないということでしょう。

語学力、教養や専門性だけでなく、人間としての幅広さと奥行き、そして自信がないと、なかなかうまくコミュニケーションできないものです。英語がある程度までできるようになって気づいた、外国語を学ぶ意味。それは、人間として生きていくうえで、国境や文化を越えて共通して持っている価値観とは何か、そしてその限界がどのようなところにあるかが理解しやすくなったということかもしれません。

注


＊1　白井恭弘『外国語学習の科学——第二言語習得論とは何か』二〇〇八年、岩波新書

＊2　Carle, Eric and Martin, Bill. (1967) *Brown Bear, Brown Bear, What do You See?* New York: Henry Holt.『くまさん くまさん なに みてるの?』偕成社編集部訳、一九八四年、偕成社

＊3　Carle, Eric. (1969) *The Very Hungry Caterpillar*. New York: Philomel.『はらぺこあおむし』もり ひさし訳、一九八九年、偕成社

＊4　Carle, Eric. (1997) *From Head to Toe*. New York: HarperCollins.『できるかな?——あたまからつまさきまで』工藤直子訳、一九九七年、偕成社

＊5　Dr. Seuss. (1957) *The Cat in the Hat*. New York: Random House.『キャット イン ザ ハット——ぼうしをかぶったへんなねこ』伊藤比呂美訳、二〇〇一年、河出書房新社

＊6　Dr. Seuss. (1960) *Green Eggs and Ham*. New York: Random House.　邦訳なし

＊7　Pascal B., Janet. (2011) *Who was Dr. Seuss?* New York: Grosset and Dunlap. pp.1-2.

イェール人インタビュー①

# 「現状満足」から一歩踏み出せば、いろんな世界が見えてくる
## ——是永 淳

地球の構造やその進化の歴史に迫る研究をしている
地球科学者の是永さん。
ニューヨーク郊外の日本語補習校で
子どもの授業が終わるのを待つ間、
地球の起源から国際関係まで、
専門分野の壁を越えてよく議論しました。
めざましい成果を上げている是永さんに、
欧米の研究環境は日本のそれとどう違うのか、
サイエンス研究の最先端からのお話を聞いてみました。

これなが・じゅん　1970年大分生まれ。イェール大学地球科学科教授。グッゲンハイム・フェロー。1992年東京大学理学部地球物理学科卒業。同大学院地球惑星物理学専攻修士課程を修了後、2000年にマサチューセッツ工科大(MIT)にて博士号(Ph.D.)を取得。カリフォルニア大学バークレー校ミラーフェローを経て、2003年、イェール大学に赴任。2009年より現職。「生命の起源と進化を支える惑星環境」の観点から、主に地球型惑星の進化についてさまざまな研究をしている。著書に『絵でわかるプレートテクトニクス』(講談社)など。

## 学部までは優秀な日本の理系教育

**斉藤**　研究室にお邪魔するのは初めてですね。よろしくお願いします。最初に是永さんの研究について教えていただけますか。

**是永**　大雑把にいうと、地球がどのようにできて、どのように現在に至ったのかという地球誕生から四五億年の歴史を理論的に研究しています。地球の歴史の再構築です。

地球の歴史といってもいろんな見方があります。四五億年という長い時間の流れを見ながら地球全体のダイナミクスを考えることもありますし、地球の一部分に焦点をあてて地震学的手法を使って構造を深く研究することもあります。

**斉藤**　大変興味深い研究ですね。

**是永**　はい。私は、地球科学の研究者のなかでもかなり好き勝手に研究を進めているほうだと思います。何らかの専門技術を身につけたら、後はそれを延々と使い回すタイプの人が多いのですが、まあ、実際そのほうが研究の効率はよいのですが、私は自分が知りたいと思ったことなら、ゼロからのスタートをあまり厭《いと》わない性格なのです。計算機さえあればたいていのことはできるんですよ。

**斉藤**　ということは、実地調査よりは理論的なアプローチを主にやっていらっしゃるのでしょうか。

**是永**　そうですね。しかし、もう一方では地震波を使って地球の構造を見るという研究もしています。その研究では、実際に観測船に乗って海底の地下構造を調べることもあれば、研究室にいながらにして世界中の観測網から自然地震のデータをダウンロードして研究を進めることもあります。地震学の世界はインフラがしっかりしているので、世界中のデータを簡単に集めることができるのです。

**斉藤**　現在の是永さんのそうした研究にもつながることだと思いますが、ご自身のキャリアを振り返って、日本で教育を受けてきてよかった面と、海外に出たことで自分の可能性を最大限に伸ばすことができた面についてそれぞれ教えていただけますか。

**是永**　日本は、学部教育まではかなりレベルが高いと思います。例えば、アメリカは数学の内容を見ても二年くらい遅れているんです。私は東京大学理学部を出ていますが、東大の理系は三年になる前に物理数学の単位を集中して取らなければいけなくて、徹底的に数学を学ばされます。宿題の量もものすごい。ただ、やはり若いうちだと大変といっても体力があるから何とかなるものなんです。

なので、日本で修士課程まで進みまして、そこから渡米してマサチューセッツ工科大学の大学院に入ったとき、「このクラスは難しいから」といわれているクラスをとっても、「別に難しくないなあ……」と感じました。そういう意味で、日本で例えば東大や京大で理系を学んだ人がこちらに来ると、最初の二年くらいは数学の貯金があるんですよね。だから、その間に英語を勉強してキャッチアップすればいいと思います。

ただ、日本では、学部教育までは教科書があってそれを普通に学んでいればいいんですけど、大学院に進んで本格的な研究生活に入ると、苦しくなってくるんですよね。

**斉藤**　どういうところが苦しくなるんですか。

**是永**　いちばん苦しいのは、世界に通用するレベルの教授の数が少ないということでしょうか。もちろん中にはすごい人もいますが、そうでない人もたくさんいますから。

**斉藤**　日本は、アメリカのようなかたちで、テニュアトラック制（博士取得後の若手研究者が、任期付の雇用で自立した研究者として経験を積む仕組み）で採用し、スクリーニングしてから採用するというシステムがまだ完成していませんからね。

**是永**　そうなんですよ。日本は実力主義ではありませんからね。

学生から見ると教授はみんな偉いものだと思っているから、実力のある教授とそうでない教授を見分けるのも難しい。そうすると、いい教授についていい仕事をして力をつけていくということも難しくなってくるんです。

だから日本ですごい人というのは、指導されて伸びていくというより、たいていは元々できる人なんですよね。指導教授の質がどうであろうと、もともと何かを持っていて本当にすごい人がたまに出てくるんですけど、その層は非常に薄い。

それに比べてアメリカの場合は、実力主義でピラミッド構造のようになっており、上にいる人は後続を育てていく伝統と仕組みが割とがっちりしているんです。

**斉藤** 組織化されたトレーニングに厚みがあるということでしょうか。

**是永** そうですね。さらにいえば、例えばPh.D.（博士）を取得しても、テクニシャン（技術者）の道を選ぶ人もいるわけです。実験室の管理や技術的な指導も、Ph.D.を必要とする高度な仕事ですが、基本的には研究者の指示に従う仕事です。Ph.D.を取得しても、みんながみんな、過酷な競争を生き抜ける研究者になれるわけではありません。

でも、自分に何が向いているかを探して、適材適所で仕事ができるような仕組みがある。日本に比べるとアメリカではサポートスタッフの職の数が圧倒的に多いので、自分の実力に見合ったポジションで、分相応の貢献ができるわけです。アメリカでは国立科学財団や国立衛生研究所から出る研究費のように、力のある人をできるだけサポートしようという全体的な仕組みがあるんですけど、日本にはありませんね。

**斉藤** 日本の大学は、素晴らしい先生も研究に集中できないようですね。

**是永**　日本で大学教授になったら、やりたい仕事がなかなかできないでしょうね。委員会の会議がたくさんある。入試問題も作らなければならない。入試監督もする。それはもう、雑用だらけで、環境はよいとはいえません。日本で頑張っている人はすごく頑張っていると思いますよ。でも、基本的にそれをサポートする環境がないから、優秀な研究者にとって仕事がしやすい環境にいるとはいえませんね。

**斉藤**　是永さんの研究は、多領域にまたがっていますね。異なる学問分野間の風通しのよさみたいなものはアメリカの大学のよさのひとつではありませんか。

**是永**　風通しがいいかというと、ちょっと微妙なところですね。アメリカはいろいろなことが分散していますから。例えば、私の専門の固体地球科学に絞って考えてみても、イェール大学には地球ダイナミクスという得意分野があるわけですよ。プリンストンなら理論地震学、ハーバードなら観測地震学や地球化学、MIT（マサチューセッツ工科大学）なら惑星科学と、それぞれに得意分野があります。それぞれが自分の土俵で勝負するような感覚ですね。私たちは教授陣が二五名ほどの中規模の学科なので、もちろん全部の分野をカバーできるわけがなく、自ずと絞らなくてはならないわけです。だから、全然違う分野で興味があって、ひとつの大学でどちらも学びたい、研究したいということになるとちょっと不便ですね。そういう意味では、東大なんかはほとんど網羅していますから、便利なんですよね。

**斉藤**　例えば、地球科学科で教授の数が多ければ、多角的な研究が一気にできるということでしょうか。

**是永**　そうですね。地球科学でいうと、トップスリーがMIT、カリフォルニア工科大学、カリフォルニア大学バークレー校なんですよ。そういう大学だと教授が四〇人近くいますけど、それでも全部カバーしているわけではないですね。アメリカは大学が多いですから、トップから二〇位くらいまでの大学では、教授のクオリティーは同じようなものですし、それぞれが自分の得意分野を持っているので、やっぱり分散しているんですね。

**斉藤**　分散して競争している。

**是永**　そうそう。それがまたいいんですよ。アメリカで研究していて面白いのは、やっぱり優秀な研究者が多いからですね。いい大学が多くあるということは、それだけいい人を雇えるということなので。日本はやはり限られますよね。理系だと東大、京大、他の旧帝大、うーん……。

## 入学後に磨き上げられていくアメリカの大学

**斉藤**　学部の教育についてはどう思われますか。実際、授業を持っていて感じることはありますか。

**是永**　アメリカの学生は本当に恵まれていると思います。よい大学に行ったら、世界トップレベルの先生が勢ぞろいしているわけですよ。それに、サイエンスの公用語が英語になっていますから、空気を吸うように吸収できるわけです。私も母語が英語だったらどんなに楽かと思います。特にアメリカの教科書は、ヨーロッパなんかと比べて非常にわかりやすく書いてあります。全然知らないレベル、ゼロから高度なレベルまで持って行くのがアメリカの教科書のつくりです。授業でもそのように教えます。

そういう意味で、アメリカの学生はすごく恵まれているし、わからないことはわからないとはっきり言うので、積み重ねて、磨き上げられていく教育だといえます。

また、今後は数学のレベルも変わっていくかもしれません。こちらでは今、生物学がいちばん人気があるんですけど、ひと昔前なら、生物学は数学と物理ができない子が行くという感じだったんですけどね。

**斉藤**　そうですよね。昔の生物学は、どちらかというと動物と植物の生態観察をしていましたね。バイオインフォマティクス（生命情報学／遺伝子研究など）が入ってきてからは、生物学は最先端の学問になりました。

**是永**　そう、最先端の学問になったにもかかわらず、生物学専攻の学生の数学のレベルが相変わらず低い。このままでは近い将来行き詰まってしまうから、K－12（幼稚園から高校まで）のレベルから算数と数学の底上げをしないといけないという提言もあります。今、生物学の世界でいちばん発言力のある人たちがそういう動きを始めていますから、今後、アメリカの数学のレベルも上がっていくかもしれません。

**斉藤**　ただでさえ、教育の現場でのイノベーション（新機軸）はアメリカのほうが先行している部分がありますからね。

**是永**　そもそも、数学が遅れているのは、アメリカだけなんです。ヨーロッパは遅れていませんからね。イギリスのケンブリッジやオックスフォードの人は、もとから日本人よりも数学ができますからね。また、アメリカの学生は、ただ単に習ってないから知らないだけなんです。頭のいい学生は、教えればすぐに理解できます。

## 大学院留学のススメ

**斉藤**　是永さんは、「理系留学のススメ」（http://jun.korenaga.com）というブログを書いていらっしゃいます。このブログでいちばん訴えたいことは何でしょうか。

**是永**　私自身が、理系の大学院留学にはお金が要らないって知らなかったものですから、そこはまず伝えておきたいですね。アメリカの大学院は、授業料だけで年間数百万かかるということは、学部生のころに本で読んで知ってましたから、お金のない自分には関係のない話だなとあきらめていました。なので、そんな高額の授業料なんか一切払う必要はないし、おまけに生活費まで出してくれるＲＡ（Research Assistantship）という制度を知ったときは大きなショックを受けました。

**斉藤**　ＲＡについて少し説明していただけますか。

**是永**　大学教授は普通いくつもの研究プロジェクトを抱えていて、政府やプライベートの財団から研究資金を調達しています。文科省の科研費のようなものですが、規模がまったく違って、例えば三年のプロジェクトで数千万円出たりします。そして、そういうプロジェクトにおける実働部隊は大学院生です。博士課程の初めのうちはあるプロジェクトの簡単なところを任されて、その後また別のプロジェクトをほぼ全部任されるというのはよくあることで、その研究成果を自分の博士論文としてまとめるわけです。

こう書くとアメリカの大学院では教授が持っているプロジェクトを実行するだけで、

自分がやりたいテーマを自由に選べないように思えるかもしれませんが、プロジェクトによってはわりと融通が利くものもあるので、どのくらい自分の希望通りの研究ができるかは、本当にケースバイケースです。大学選びの際にこうした点も気をつけるといいですね。

そして、こういうプロジェクトには、学生の授業料／生活費サポートが含まれていることが多く、「RAをもらう」といいます。教授のプロジェクトを手伝っているかたちになるので、こういう名称になるわけですが、この「research」は自分の博士論文のテーマに他ならないので、「自分の研究をしてお金をもらっている」といってもいいでしょう。こういうことを知っている人は少ないと思うんです。

**斉藤**　ぼくもイェールの大学院時代には授業料を一銭も払っていませんが、こういうシステムを知らない人は多いでしょうね。

**是永**　それはもったいないと思います。学部までは日本でもそんなに悪くないと思うのですが、やはり、大学院で伸びない人が多い。でも、本当にやる気があるのなら、海外の大学院に進むというオプションもあるわけです。お金をかけずにもうひとつ別の文化を数年かけて知るということも、大変貴重なチャンスだと思います。

でも、どうなんでしょうね。私のブログを読んでいる人はわりといるみたいですけど、実際に留学するとなると少ないようですね。向き不向きもありますしね。勉強はできるけど、研究はできない人もいますから（笑）。

**斉藤**　よくわかります。

**是永**　本当にね、数学がすごくできるのに、新しいアイデアが思いつかない、という人はいるんですよ。指導教官がつきますから、そういう人もPh.D.くらいは取れるけど、その後が続かない。だから難しいんですよね。

私が日本で大学院生だったときは、育英会の奨学金をもらっていたんですが、それだけでは足りなくて、家庭教師のアルバイトをしていました。でも、それがかなり苦痛でしてね。研究がすごく乗っているときに、「あ、家庭教師の時間だ。電車に乗らないと」っていうのがね。

**斉藤**　是永さんもそういう時代があったんですか？　そういうことも、日本の若い頭脳をダメにしていますよね。奨学金は貧弱だし。研究のリズムが本当に崩れますよね。

**是永**　しかも、雑用が多いですしね。サポートスタッフがほとんどいないし、他の学生みんながそうだから、それが当たり前だと思うでしょ。こっちに来たら、本当にね、よけいなことが何もないんです。アメリカに来てみて、「あれ？　研究するだけでいいんだ」と驚きました。

**斉藤**　研究者は研究するのが仕事ですからね。

**是永**　すごく恵まれている研究環境だなと思いました。そういう体験をするのと、研究に専念できないのが当たり前だと思って過ごすのとでは、違いますから。

多様な研究環境を知っている人が増えていくと、日本ももうちょっとマシになるんじゃないかなと思います。かといってアメリカを真似するだけでもいけなくて、システム的に、アメリカよりももう少し規模が小さい国、例えばイギリスはどうなっているのか、などのリサーチも必要ですよね。アメリカはやっぱりお金の規模が違うので、真似しようと思ってもできないことも多いでしょう。

一方、イギリス出身の優秀な研究者は若いうちはアメリカ等で教授をしていても、最終的にはケンブリッジ大学やオックスフォード大学に戻る人が多いです。なぜ彼らは母国に帰るのか、ということを考えないといけないでしょうね。

## 本当の課題は「現状満足」？

**是永**　日本人にとっては言葉の壁もありますよね。ただ、理系の場合は、論文を書く英語力は必要ですが、ディベートとかはそれほどできなくても大丈夫です。

それに、今は日本にいても、生の英語に触れる機会が腐るほどあります。昔は高いカセットテープの教材を買ってテープレコーダーで聞いていたのが、今はYouTubeやPodcastで映像付きで見られますから。

つまり、いろいろと環境上の制約はあるかもしれないけれど、勉強する気になれば、なんだってできるんです。そういう意味では、環境が悪いというよりも、むしろ現状満足が留学から研究者を遠ざけているのかもしれませんね。日本では、現状を変えなくてはいけないという思いがないから、かたちだけになってしまうんでしょう。中国や韓国の研究者には、「もっといい生活がしたい」とか、「アメリカに移住したい」とか、そういう強い衝動のようなものが感じられますが、日本の場合はあまりありませんから。まあ、ハングリーなことは悪い面も含まれるかもしれないけど、やっぱりそういうのもないとモチベーションは生まれませんね。いちばん問題なのは「日本がそんなに悪くない」ということかもしれないですね。

そんなに悪くないから、「今のままでもいいんじゃない？」というような風潮がありますね。やればもっとできるのに、私は本当にもったいないと思います。

人の流れもよくないんでしょうね。日本には外からあまり人が入ってきませんが、アメリカは外からどんどん人が入ってきますからね。

そういう意味では、さきほどのシステム比較のときにも言いましたが、どちらかというとアメリカより、フランスやドイツなど、言語が自国語圏に限られているところを研究するのも参考になるかもしれません。ドイツは微妙だけどフランスは頑張っていますよ。地球科学ではフランスはかなりいい線いってます。

**斉藤** そうですか。政治学とか経済学ではフランスはいま一歩です。

**是永** フランスはやっぱり、数学の伝統があります。フェルマー（ピエール・ド・フェルマー／一七世紀の数学者。数論の父とも呼ばれる）をはじめ、著名な数学者たちが輩出していますから。

**斉藤** デカルト（ルネ・デカルト／一七世紀末の哲学者、数学者）もそうですね。

**是永** ドイツとかフランスとか、近代科学の伝統がある国は、やはりそれなりに頑張っていますよね。日本のいちばんの問題は、教える人を外から呼べるかということですよね。環境がよくないと、優秀な先生も来てくれません。

**斉藤** 今、アメリカの一流大学で教鞭をとっている日本人の先生が、帰国して日本の一流大学でというと、待遇と授業コマ数を見ると二の足を踏んでしまいますよね。

**是永** だから、普通は日本に帰らないでしょう。日本は下にいても研究できないけど、上に行っても研究できない。というか、上に行くほど仕事ができなくなるようになっている。東大は教授の数が多いので少しはましかもしれないけど、地方大だと卒論の指導で学生一〇人の面倒を見ることもありますしね。自分の研究が何もできないというのが本音ですよね。どうすればいいんでしょうね。日本に優秀な人が増えて、外からも優秀な人を連れて来られるような状況にするには。

## サイエンスリテラシー向上のために

**斉藤**　日本の中高生を見ていると、大学生よりも、もっと若い人を育てることも考えていかなければと思います。私は中高生に英語を教える仕事をしていますけど、どうしても目先の大学受験から逆算して、今何を勉強するか決めていかざるをえない状況があります。そんななかでは、彼らの視線の先にサイエンスの最先端は見えてきませんよね。アメリカには高校生が大学の研究室で実習するインターン制度があります。

**是永**　いわゆるアウトリーチですね。

**斉藤**　まあ、アメリカでも全員がやっているわけではないですし、やればいいというわけでもないとは思いますが、そうした機会自体は、日本でももっとあってもいいんじゃないかと思います。

**是永**　私としては、あれはおままごとみたいなものだと思いますね。ちゃんとしたトレーニングを受けていない人がいきなりポーンと研究室に入って何ができるかというと……疑問ですね。まあ生物学系は手を動かせばできることもあるかもしれないですが、物理系は難しいと思いますね。

**斉藤**　やはり理論的なトレーニングがしっかりしていないと難しいでしょうか。

**是永**　数学がわからないから難しいという側面はたしかにあります。だから、中高生の場合は、研究室でインターンをするというよりは、ブルーバックス（講談社の自然科学系新書シリーズ。一般の人向けにわかりやすく科学を解説している）を片っ端から読むだけでも十分ですよね。実際、私がそうでしたから。

**斉藤**　では、日本の理系少年少女のインフラというのは案外充実しているのではないかということでしょうか。

**是永**　基本的なところは充実していると思いますね。

ただ、問題は、日本にはまともなサイエンスライターがいないことです。立花隆さんあたりしか思いつかないんですよ。アメリカには質の高いポピュラーサイエンスの本を書く人がたくさんいるのに、日本でサイエンスの良書といえば主に翻訳ものですよね。しかも、私の読んでいる限りでは、翻訳の質がひどくてダメだなと思います。英語を翻訳すると、面白おかしく軽妙に書いてある原作のニュアンスが伝わらないことが非常に多い。

**斉藤**　英語ができれば、そういうものも原典を直接読むことができますね。

**是永**　例えば、『ご冗談でしょう、ファインマンさん』（岩波現代文庫）というファインマン（アメリカの物理学者）の自伝があります。有名な本だからそれなりの人が訳していると思うのですが、それでも、ファインマンはこんな口調でしゃべってないよ、と感じてしまうんですよ。もちろん彼は英語で話していますから、日本語でそのニュアンスが出せないのは当たり前ですが、それでもやっぱり違和感がある。

あれはファインマンの友人が彼の言葉を書き取ったもので、ファインマン独特の語り口がすごく大切なポイントなんです。それが全然伝わってこない。そういう意味でも、英語ができると直接そういうものにふれることができますよね。

ただ、サイエンスライターに限らず、日本にもう少し、サイエンスを啓蒙する人がいるといいのになと思います。

**斉藤**　たしかに、一般の大人がサイエンスをどこまで理解しているかというと、決して褒められたレベルではないという話もあります。サイエンスとはどういう営みなのか、科学的思考とはどういったものなのかということ自体、理解されていないという社会的背景もあるのかもしれませんね。

**是永**　大人の科学というものへの認識は、どこの国でも貧弱じゃないですかね。

**斉藤**　科学の何を問うかにもよると思うんですけどね。一八歳以上の人を対象に行った国際比較では、日本人は基礎学力はあるのに、科学についての基礎的な素養は先進国中かなり低いという報告もあります。

**是永**　そうかもしれないですね。日本ではマイナスイオンとかコラーゲンとか、ちょっとでも科学の知識や批判眼があれば怪しいとすぐにわかるようなものが流行《はや》るくらいですからね。まあ、それはノンファット（無脂肪）を売りにした食べ物があふれているアメリカも同じことですよ。ノンファットでも、シュガーがたくさん入っているもの食べてたら仕方ないのに（笑）。

**斉藤**　まずは大人から、サイエンスに興味を持って自ら理解を深めていくことが大切なのでしょうね。ありがとうございました。

二〇一三年一二月四日収録

イェール人インタビュー②

# なぜ考えるのか、なぜ怒るのか。人の根源について知りたい ——富田 進

日々、人間の知覚と思考を形作るメカニズムを理解するために奮闘する富田さん。

イェール時代に子どもの保育所が一緒というご縁で、以来、家族ぐるみのお付き合いをさせていただいています。

富田さんは、趣味のピアノの腕前も素晴らしく、スポーツも万能です。

雑談をしていても、話題が豊富で飽きることがありません。

いつ会っても、サイエンスへの情熱が言葉の端々から伝わってきます。

とみた・すすむ　1972年生まれ。イェール大学医学部准教授。桐蔭学園高等学校卒業。東京大学薬学部を経て、同大学院薬学系研究科博士課程修了後、2000年に、Ph.D.（博士号）取得。カリフォルニア大学サンフランシスコ校生理学講座ブレット研究室にてポスドクとして研究に従事。2006年よりイェール大学医学部にて研究室を主宰、また、同学部において教鞭をとる。これまでに、将来を嘱望される若手研究者に送られるスローン賞やクリンゲンスタイン賞等の若手奨励賞を受賞。2012年より米国国立衛生研究所の研究費審査員を務める。研究者として、記憶や情動などの脳高次機能の制御機構を分子レベルで解明、および、脳神経疾患の創薬を目指している。

## タンパク質から脳のはたらきを探る

**斉藤**　同じ大学で仕事していたときも、お互い研究室に遊びに行くことはなかなかありませんでしたね。あらためて富田さんの研究について教えていただけますか。

**富田**　人の根源について研究しています。私がいちばん知りたいのは、私はなぜ考えるのか、なぜ怒るのか。同じことを聞いたときに、機嫌が悪いと怒るけれど、機嫌がいいとジョークとして取ることがありますね。それはすべて自分の頭のなかで起こっている。じゃあ、それはなぜ、どのように起こっているのかを知りたいというのが私の研究の目的です。完全にピュアな好奇心です。

**斉藤**　具体的にはどんな研究をしているのですか。

**富田**　分子生物学といって、生物の仕組みを遺伝子、タンパク質などの分子レベルから解き明かそうとする分野です。例えばＤＮＡからＲＮＡができて、タンパク質ができて、それがどんな機能を果たしているかというようなことを研究する領域です。なかでも私の専門の分子神経科学では、神経のなかにあるひとつひとつのタンパク質の機能を解明して、脳というものを再構築しようとしています。そうすることによって、最終的には脳がどのように機能するかがわかるんじゃないかと期待しています。

人を実験台にして研究することができませんから、マウスを使って、その頭のなかで何が起こっているかを調べています。マウスは結構頭がよくて、チーズを食べるためにその場所を覚えることができる。マウスはすごい研究ツールです。

人やマウスがどうやって考えているかというと、間違いなく脳で考えています。脳のなかには数千億個のニューロン（神経細胞）がありますが、物事を記憶して、考えるためにそれらをどうやって使うのかを調べるわけです。

それには大雑把にいって二つの考えがあります。例えばニューロンのひとつがアルファベットのAを覚えて、他のニューロンがアルファベットのBを覚えるという考え方。でもそうすると、数千億個のパターンしかないからできることは限られてくる。実際には、脳はそれ以上のことができます。ということは、間違いなく神経細胞同士のつながりが重要な役割を果たしていると考えられます。三つのニューロンがつながるとAという情報を形成して、一〇個がつながるとCという情報を形成するのではないかと仮定すると、そのパターンは無限に広がります。まだ証明されてはいませんが。

**斉藤**　そういう仮説に挑んでいるんですね。

**富田**　そうです。それを証明するために、私たちは、脳のなかのある神経を操作するとこの記憶を忘れるとか、またある神経を操作するとこれができるようになる、と示す結果を得ることを目標に実験しています。
**斉藤**　それは、電気信号などで見ているんですか？
**富田**　私の研究室では、電気信号とタンパク質です。分子生物学と電気生理学とマウスを使ってデータを集めます。「ノックアウトマウス」というのは聞いたことがありますか？　DNAを操作して、あるタンパク質を発現できないようにすると、マウスは劇的な症状を示します。例えば手足が震えるなど、パーキンソン病の患者さんに見られるような症状が現れます。
**斉藤**　遺伝子レベルで操作するということは、生命情報学の分野とも関係しますね。
**富田**　そうですね。日本とアメリカの違いとして、アメリカはフィールド間の壁がより低いということがあります。例えば、今は、分子生物学だけをやっていても勝てないんです。その次の段階として生命情報学とか電気生理学とかマウスの遺伝学とこの分野を融合していくことによって、より新しいものをクリエイトしていく。アメリカの研究環境はそういうところがいいですね。
**斉藤**　大人になっても学部レベルの教養教育の重要性がいわれますね。研究者がそのキャリアを通じて、いろんな興味を持ち続けていることがアメリカの大学にはよく見受けられます。例えば私は政治学が専門ですが、同じことがいえると思います。日本は、早期に専門を絞り込むとそれだけに特化した勉強をすることが多いですよね。

**富田**　アメリカでも、専門は専門でありますが、自らの専門をより深く理解するため、いろいろなものを吸収していくためのリベラルアーツ教育が実践されています。

## 自分のやりたいことが選べるように力をつけてほしい

**斉藤**　富田さんの研究キャリアを教えていただけますか。

**富田**　簡単にいうと、東京大学の学部を出て、薬学の大学院に行って、アメリカにポスドク（博士研究員）で来て、五年半後にイェールで助教授のポストを得て、数年後に准教授になり、いつのまにかイェールで八年になります。今思えば、来れるならば大学院からアメリカに来てもよかったと思います。

**斉藤**　学部教育は東京大学で受けたわけですが、日本の理科系、特に東大は充実していたでしょうか。

**富田**　充実していたということもありますが、僕の場合には、考え方が成熟するのが遅かったんですよ。東京大学は、進学振分け制度というのがあって、大学二年生の夏に三年生からの学部を選べる制度があります。それが自分には非常によかった。学部の内容がよくわからない受験期に専門分野を選ぶのではなく、「教養教育」で広く学んだ後に専門分野を選べるわけです。競争は激しいので大変ですが。
そのときには興味は完全に「脳」にあったので、薬学に行くか心理学に行くかを検討していました。二年生の初期のころに図書館に通って、ふたつくらいある心理学の棚を片っ端から全部読んだんです。それで出した自分なりの結論は、「心理学では答えが出ない」ということでした。argument（議論）の繰り返しで、evidence（エビデンス／根拠）が出てこないから、これはmaterial（マテリアル／物質）を扱うしかないというところに行き着いたんです。
理学部でなく薬学を選んだのは、理学部は物理、生物、化学のどれかをひとつ専門でやりますが、薬学はすべてを扱うので、よりやりたいことに近づけると思ったんです。

**斉藤**　まさに、自分の興味に合わせて、勉強の中身を決めていったんですね。富田さんのようなお話は理想的ですが、なかなかそういう学生ばかりではありませんよね。

**富田**　それは、本当にそう思います。ある意味ラッキーだったし、親が研究者だったのでその影響を受けていたのかもしれません。アクティブに考えて、自分のやりたいことをやらせてもらうという考え方は自分のなかにありました。ただそれに気づくのがちょっと遅かった。みんなは大学に入る前に医者になるとか決めていましたが、私はそういうことができなかったから。でもまあ、一長一短ですよ。

**斉藤**　アメリカでキャリアを築いている人に共通することですけど、自分のやることを自分で決めて、選び取っていますよね。

**富田**　それはありますね。うちのポスドクとよく話しているんですけど、人生には二種類あると。受動的（passive）に過ごすか、能動的（active）に過ごすか。皆、active に過ごしたいんだけれども、過ごせないのが現実です。でも、それをできる能力を身につけてほしいと話しています。だから、学生に対しては、いちばん初めの質問は「君は何がやりたいの？」ということ。そこから始めるようにしてます。

## 「正解」を求めがちな日本の教育

**斉藤**　日本の教育、特に大学に入るまでの教育は「how?（どうやって、どんな方法で？）」の詰め込みばかりで、「why?（なぜ？）」じゃないんですよね。

**富田**　すべてに答えがあるんですすよね。それが、今となってはダメだったというのがよくわかります。例えば英語の教育なんて、顕著ですよね。今は研究も英語でしかやっていませんが、私は日本にいたころ、英語がいちばん嫌いだったんです（笑）。なぜかというと、訳すから。そして、その訳が直訳だから。

“I am Susumu Tomita.”「私は富田進です」っていうのが英語の授業でしょう。本当の英語はそうじゃないんですよ。アメリカに来て愕然としたのは、自分が習った英語はアメリカでは通用しないということです。それに比べて中国人や韓国人の喋る英語はすごく適当なのに、それでも通じてしまう。

個人的な意見になりますが、これは日常使う会話英語と、筆記の文法英語の違いなのかもしれません。会話にはテンポが必要ですから、英語を日本語から翻訳して話していると時間がかかって会話のテンポに乗り遅れるし、どうしても英語のニュアンスが伝わらないですよね。他国では、英語を英語で考えるトレーニングを受けてるようです。また、自分もそうでしたが、もしかしたら、英語で会話することへの畏怖《いふ》があるのかもしれませんね。使える英語と試験のためだけの英語、そこが劇的に違う。一般論ではありませんが、日本の教育はそういう側面が全般的にあると思います。イエス・ノー・クイズのようなものですね。

**斉藤**　教育を通して人間ハードディスクをつくっているような状況はありますよね。

**富田**　そうですね、デジタル人間ですね（笑）。

## 最終的に、人生は思考力で決まる

**斉藤**　やはり、早いうちから根源的な問いかけをすることに慣れておいたほうが、学ぶモチベーションも高まるでしょうね。

**富田**　最終的には、人生は思考力です。自分のやりたいことは思考しないとできません。例えば教授に何かしろと言われて、言われたことができる子は日本にはいっぱいいるけれども、私たち研究者は誰かがやるべきことを言ってくれるわけではありません。自ら何かをクリエイトしないといけないわけです。

**斉藤**　研究者の場合は特に、何を問うかということから始まりますよね。

**富田**　そう、問いを見つけて、それにどう答えるのか。そして、答えが合っているかどうかわからないものを、いかに説得させるか。アメリカではそういう思考力が育てられます。日本の教育にはそこが欠けていると思います。

**斉藤**　そこが弱い点ですよね。日本人は反面、答えが決まっているものをきちんとオーガナイズしたかたちで詰め込むのは得意な印象があります。

**富田**　たしかに、数学などは得意ですね。研究には両方の能力が必要で、考えていく力だけでなく、基礎となる計算力、ロジック、知識は必要です。アメリカの学生は思考力は強いけど、基礎が弱いかなというところもあります。例えば、試薬の計算は、私は暗算でやりますが、彼らは計算機を取りに行くという場面があります（笑）。どちらがいいとはいえませんが、日本の教育で培われるいいところはそこでしょうね。私自身は、日本で教育を受けたのはよかったけれど、もっと思考力を鍛えてほしかったなという思いはあります。それは、まさに今斉藤さんがなさっていることですよね。

**斉藤**　そういう問題意識があって、あえて大学で教える道を選ばずに、小中高生を鍛えたほうが面白いことができるんじゃないかと思っています。

**富田**　とはいえ、高校生に思考力が必要といっても、実際にそういう状況に接する機会がないと本当には気づくことはできないと思います。それをどうやって斉藤さんのところで教えていけるのか、私も興味がありますね。

**斉藤**　アメリカのイェール大学に入ってくる学生のなかには、高校生のときに、リサーチインターンなどで大学の研究室に出入りしていた人などもいました。分野によるとは思いますが、知識の最先端と若い子たちの垣根をもっと低くしてあげたほうがいいんじゃないかと思うんです。

**富田**　私の場合、父が研究者だったから、その垣根が低かったんですね。しかし、一般にそういう機会があるかというと少ないでしょうね。そういう機会が持てるととてもいいと思います。やはり現場で実際に触れてみないと、自分にどういうことができるかはわかりませんから。

アメリカでもサマーインターンに応募してくる学生がいます。トルコや中国、パキスタンの学生は熱心にサマーインターンで来ています。それにはふたつ理由があって、ほとんどの場合はＣＶ（Curriculum Vitae/英文履歴書）を立派にするため。もうひとつは完全な興味です。ＣＶを作ること自体が目的の学生にはあまり来てほしくないんです。来てほしいのは、「すごく研究をやりたいんだけど、成績が悪くて進学できないんです」というような学生。そういう学生はある程度計算力さえあれば、思考力と興味でやっていけると思いますね。

最近では、イェール大学にニュージャージー州の日本人学校がコンタクトしてきて、イェール大学を見学し、私が三時間、十数人の小、中学生を相手にレクチャーするという機会がありました。日本にもこういう機会があればいいですね。

**斉藤**　試験のため、ＣＶのために来るような学生は、一体何が好きなのか、自分の興味さえわからない場合もあって、大変な部分もあるでしょうね。そうじゃなくてもっと内的な「学ぶ」ことを楽しめる子を育てていきたいと思います。

**富田**　それはなかなか難しいですよね。けど斉藤さんが運営しているような塾には、そういう子が通ってくるんじゃないですか？

**斉藤**　まあ、そういう子もいれば、そうでない子もいます。でも、どちらにも、今の学校ではサポートできていないところをサポートしてあげたいんです。

例えば今後はコンピューターサイエンスも授業に取り入れようと考えています。アメリカと日本の中高レベルのカリキュラムを比べたとき、日本に欠けているのはコンピュータープログラミングではないかと思います。

**富田**　アメリカの場合は、興味のある子どもたちが早くから授業で勝手にやって、ハッカーが育っていますよね。そういうのは日本ではないでしょうね。

**斉藤**　そういうカルチャーがないところで少し実験してみようなと思っているんです。

**富田**　伸びる人を伸ばすということでしょうか。

**斉藤**　そうなんですよね、日本の学校は文部科学省の縛りが強過ぎて、そういうことをうまくできていないいんじゃないでしょうか。これはここまでしか教えちゃいけないとか、変な縛りがありますから。日本も教育の規制緩和が必要だと思います。

**富田**　ただ、規制緩和をするときにはバランスも必要ですね。斉藤さんのところの将来の卒業生には期待してますよ（笑）。

**斉藤**　ありがとうございます。今日はいろいろなお話をありがとうございました。

二〇一三年一二月四日収録

# おわりに——世界のどこでも生きていける一生ものの学びを

この本を書き始める際の決意は、「一〇歳の自分に話しかけるように書く」ということでした。そうすることで、同じ年ごろの子どもを持つ保護者のみなさんと問題意識が共有できるという思いもありましたが、何より「一〇歳のころに、こういうことを教えてくれる大人がいればよかったのに」と思うことがアメリカ留学中に何度もあったからです。

実際に書き進めていくと、あんなことも伝えておきたい、このことも知っておいてほしい、とつい熱が入ってしまって、当初の予定よりもずいぶん分厚くなってしまいました。一読していただいた印象では、「小学校高学年にはちょっと難しいんじゃないの？」と思われるところもあったかもしれません。でも、そうしたところもあえて残しておきました。

子どもと一緒におもちゃ屋や書店に行くと、「三歳〜五歳」「三〜四年生向け」などという商品表示を見かけます。誤飲する危険性のあるおもちゃならともかく、自由に読んだり考えたりする本に、本来、年齢制限はいらないはずです。

今は難解でちんぷんかんぷんに見える本も、時間が経ち、学校でさまざまな教科を学んでいくうちにわかる部分が増えてきます。いやむしろ、「この難しい本の内容がわかる」ことを目標に、学校での勉強を組み立てたほうが、楽しく授業を受けることができるでしょう。そして大学以降はその本を乗り越えて、その先に行くことを目標に自らの学びの姿勢を組み立ててほしい、そんな願いを込めて難しいところもあえて残しました。

一方、大人になって簡単だと思う事柄にも、常に再発見があります。例えば、子どもに絵本を読み聞かせるたびに、大人になったぼく自身、これまでの人生のいろいろな事柄に思いをはせ、反省したり、新たな希望を見いだしたりします。あるいは日本語や英語の、言葉の美しさを再認識したりします。ぼくにとって幸せとは、子どものころも、大人になってからも、絶えず学び、問いかけ続けることそのものなのだと実感します。

学ぶ喜びとその作法さえ身につけていれば、世界のどこでも生きていける。つくづくそう思います。本書を通じて、読者の皆様が、学び問いかけることを楽しんでいただければ、ぼくとしては何より大きな喜びです。

＊

本書は、多くの方々に学び、相互に問いを発してきた過程から生まれました。すべての方のお名前を記すことはできませんが、特に次のみなさんに感謝したいと思います。

浅羽祐樹（新潟県立大学）、浅野正彦（拓殖大学）、藤原直輝（早稲田大学）、矢内勇生（神戸大学）の各氏に。私ども家族にイェール大学セイブルック寮舎監として生活する機会をくださったメアリー・ミラー学長、エドワード・ケイメンス教授、自分の頭で考えることが大切だと、ぼくを励まし、機会を与え続けてくれたフランセス・ローゼンブルース教授に厚く御礼申し上げます。

また執筆にあたっては、ＪＰＲＥＰのスタッフ、特に苅谷夏彦、原山雅子の二人にお世話になりました。

妻、尚美は第一査読者として本書に隅々まで目を通してくれただけでなく、イェールでの思い出という「一次資料」を確認する上で不可欠な役割を果たしてくれました。

ＮＨＫ出版の福田直子さんからの強いすすめと、温かい励ましがなければ、本書が世に出ることはなかったでしょう。ありがとうございました。

＊

本書をかつて保護者として支えてくれた両親、誠一、よし子に、そして一〇歳をすぎた長女・恵里佳、一〇歳まで数年を残す長男・健に贈りたいと思います。

二〇一四年六月　自由が丘の教室にて

斉藤　淳

## もっと学びたい子のための読書案内

ぼく自身が何度も読み返した本、本文でも取り上げた本のなかから、学問を意識し始めた十代に特におすすめの本を紹介します。

### ■古典への文献案内

森本哲朗『ことばへの旅（上・下）』二〇〇三年、PHP文庫

古典といわれても何を読めばいいかわからないという人は、この本を手がかりに古典を読み始めてみてはいかがでしょう。日頃疑問に思っている事柄の数々について、先人がどのような言葉を用いて思索を巡らしていたか、読書の出発点としてよいと思います。ぼく自身、中学生のときに繰り返し読んだ書。

### ■読書法について

高田明典『難解な本を読む技術』二〇〇九年、光文社新書

ぼくが中高生の頃、試行錯誤しながら独自に実行していた工夫の数々が、より洗練され、整理された形で書いてあります。

■論文作成法について

戸田山和久『新版　論文の教室――レポートから卒論まで』二〇一二年、NHKブックス

文章作法について、ていねいに教えてくれる本です。主として高校生以上を念頭に書かれていますが、早いうちから論文をまとめることがどのようなことか知っておくとよいと思います。

■科学の方法論について

リース他『キャンベル生物学　原書9版』池内昌彦他監訳、二〇一三年、丸善出版

科学の方法論に関する基礎知識についてには、第四章で取り上げた『キャンベル生物学』の第一章、特に邦訳でいうと一八―二六ページをおすすめします。分子、遺伝子レベルから動物の生態にいたるまで、生物学の重要な考え方が初心者向けにわかりやすく解説されています。イラストも豊富に収載されているので眺めているだけでも楽しめます。

■社会科学の方法論について

久米郁夫『原因を推論する――政治分析方法論のすゝめ』二〇一三年、有斐閣

因果関係に関する推論について、わかりやすく解説してあります。社会科学全般への入門書としても最適です。

斉藤 淳 さいとう・じゅん

1969年山形県生まれ。J PREP斉藤塾代表。

上智大学外国語学部英語学科卒業、同大学国際関係論専攻博士課程前期課程修了後、カリフォルニア大学ロサンゼルス校大学院を経てイェール大学大学院政治学専攻にて博士号(政治学)を取得。

フランクリン・マーシャル大学助教授等を経て
2008年イェール大学政治学科助教授に。

2012年に帰国し、東京都と山形県で英語と教養を教える私塾を創業。

2002-03年衆議院議員(山形4区)。

2010年『自民党長期政権の政治経済学』(勁草書房)で日経・経済図書文化賞を受賞。

一般向け著書に『世界の非ネイティブエリートがやっている英語勉強法』(中経出版)。



**NHK出版新書 439**

**10歳から身につく 問い、考え、表現する力**

**ぼくがイェール大で学び、教えたいこと**

2014(平成26)年 7月10日 第1刷発行
2015(平成27)年 7月20日 第7刷発行

著者 斉藤 淳 ©2014 Saito Jun

発行者 小泉公二

発行所 NHK出版
〒150-8081東京都渋谷区宇田川町41-1
電話 (0570) 002-247 (編集) (0570) 000-321(注文)
http://www.nhk-book.co.jp (ホームページ)
振替 00110-1-49701

ブックデザイン albireo

印刷 慶昌堂印刷・近代美術

製本 藤田製本





Printed in Japan ISBN978-4-14-088439-3 C0237

## NHK出版新書好評既刊